Alle Männer sind Freaks

Elke Morri

Alle Männer sind Freaks

33 Frauen berichten über skurrile Eigenheiten, seltsame Ticks und unliebsame Überraschungen

Schwarzkopf & Schwarzkopf

Vorwort

Liebe Leserinnen und Leser!

Sind wirklich alle Männer Freaks? Ja! Denn heutzutage ist jedes männliche Exemplar ein bisserl bis total durchgeknallt. Ist das weiter tragisch? Nein! Warum auch.

Denn ohne die Freaks an unserer Seite wäre das Leben ganz schön fad, und beim Kaffeeklatsch würde den Frauen außerdem gut ein Drittel an Gesprächsstoff fehlen. Die 33 Kurzgeschichten in diesem Buch sind alle wahr, falls Sie sich das beim Lesen fragen sollten. All diese Frauen waren, sind noch immer oder schon wieder mit einem Freak zusammen. Meine Erzählerinnen sind Studentinnen, Unternehmerinnen, Künstlerinnen, Prostituierte und Hausfrauen. So unterschiedlich sie auch sind, eins haben alle gemeinsam: Humor. Denn nur so ist eine stressfreie Koexistenz mit einem Mann möglich.

In diesem Sinne: Viel Spaß beim Lesen!

Kärnten, im Frühjahr 2010 *Elke Morri*

Der 1. Mann, der ein Freak ist

Der Bibelfeste

Lena (33), Eventmanagerin, Kärnten,
über ihr Date mit
David (37), Informatiker, Kärnten

Mit 33 sollte man schon einige Dates hinter sich haben. Und das hab ich, bei Gott. Aus einigen haben sich Beziehungen entwickelt, aus manchen wurden kurze Affären, aus vielen One-Night-Stands. Ich war also freakresistent. An einem Mann konnte mich so leicht nichts mehr überraschen.

»Mit deinen hohen Ansprüchen wirst du nie jemanden finden.« Meine Freundin Marianne hielt mir zum Mittagessen die übliche Standpauke. »Dir ist doch wohl klar, dass die Verehrer proportional zur Spannkraft deiner Gesichtshaut verschwinden, meine liebe Mrs hundert Prozent.« Das stimmte und auch, dass ich nach einem Mann wie nach einem Job suchte: Was brachte er mir auf dem Konto, wie passte er zu meinem Lifestyle, konnte ich mit ihm bei meinen Freunden angeben?

»Normalerweise tu ich so etwas nicht – verkuppeln mein ich. Aber ich hätte da wirklich den perfekten Kerl für dich.« Wie? Ungläubig, aber hellhörig geworden, legte ich mein Besteck zur Seite.

»Er ist wie eine seltene Blume, die unter Naturschutz steht.« Im Nachhinein wusste ich, was Marianne damit gemeint hatte.

David, so hieß mein Blind Date, saß schon am Tisch – hinterstes Eck – und nippte an seinem Weinglas. Das Restaurant, das er ausgesucht hatte, gefiel mir. Ein romantischer Italiener mit cooler Inneneinrichtung. Ich hielt – wie bei jeder Verabredung – meine 15 Minuten »Macht mich hoffentlich interessant«-Verspätung ein und war – zu meiner Verwunderung – wirklich positiv überrascht. Was ich da auf dem Stuhl sah, gefiel mir. Sehr sogar. David war äußerst attraktiv: dunkelbraune, feurige Augen, schwarz glänzendes Haar, lässiges Outfit. Ganz gentlemanlike rückte er mir den Stuhl zurecht und fing mit mir gleich ein lockeres Gespräch an. In keinster Weise ließ er auch nur den Hauch von einem peinlichen »Das ist ein Verkuppelungs-Date« aufkommen. Wir unterhielten uns wie alte Freunde, die sich schon eine Ewigkeit nicht mehr gesehen hatten.

Ich erfuhr, dass seine Eltern einen kleinen Weinberg in der Nähe von Friaul besaßen, dass er gerne Urlaub in Brasilien machte und noch lieber Gedichte las.

»Wenn ich allen Glauben habe, um Berge zu versetzen, aber nicht Liebe habe, so bin ich nichts«, sagte David plötzlich pathetisch.

»Hesse?«

»Nein, Paulus.« Er griff in seine Hosentasche und legte die Bibel – im praktischen Pocketformat – auf den Tisch. »Weißt du, Lena, dieser Satz stammt aus dem Korintherbrief des Neuen Testaments und ist einer der schönsten, der jemals über die Liebe geschrieben wurde. Ich suche eine Frau, so einzigartig wie dieser Satz.« Mir verschlug es die Sprache, und das tut es praktisch nie. David dafür nicht, denn er gab mir jetzt eine ausführliche Einführung in den Zeugen-Jehovas-Glauben und beschrieb mir dessen Vorteile. Dass die Religionsanhänger unerwartet vor der Haustüre standen, wusste ich. Dass sie nun aber versuchten, Leute beim Pizzaessen zu konvertieren, war mir neu. Ich wollte aufstehen und gehen, aber die ganze Situation war so absurd, dass ich regelrecht am Sessel festklebte. Und ganz ehrlich: Er hatte das gewisse Etwas. Deshalb unterbrach ich Davids Monolog mit der Frage: »Hast du Sex?«

Ganz selbstverständlich antwortete er: »Schon seit fünf Jahren nicht mehr. Ist ja verboten.«

»Onanieren auch?« Das Wort »Wichsen« traute ich mich im Angesicht solcher Wieder-Jungfräulichkeit nicht in den Mund zu nehmen.

»Ja, logisch! Denn sonst hätte man sehr leicht unreine sexuelle Gedanken«, belehrte David mich weiter.

Vorher musste er es ziemlich wild getrieben haben, denn er schwafelte etwas in Richtung von: »Der viele Sex hat mein Leben zerstört, Sex gehört in die Ehe, alle Frauen wollen immer nur Sex, Sex, Sex.« Er erwähnte dieses Wort so oft, dass er schon alleine davon geil werden musste.

»Eine Jungfrau wäre mein Traum«, schleuderte mir mein bibelfestes Date auf einmal entgegen.

»Wie bitte?«

»Als meine Ehefrau, natürlich.«

Da er das Sternzeichen offensichtlich nicht meinte, fand ich seinen Wunsch ziemlich überheblich. »Du bist selbst kein Jungmann mehr und erwartest das von anderen? Auf welchem Planeten lebst du? Außerdem verstehe ich echt nicht, warum du dich auf diese Verabredung eingelassen hast. Marianne wird dir ja wohl gesagt haben, dass ich a) weder Zeugin Jehovas noch b) angesichts meines Alters Jungfrau bin.« Jetzt war ich sauer.

»Sicher«, meinte David achselzuckend, und seine Augen bekamen einen leicht verzweifelten Ausdruck. »Aber irgendwo muss ich anfangen, Abstriche zu machen. In meiner Bibelgruppe gibt es keine hübschen Frauen, Jungfrauen schon gar nicht. Außerdem sollst du offen für alles sein. Hättest du nicht Lust zu konvertieren?« Das fragte er mich so, als wenn er mich auf einen Kaffee einladen würde.

»Nein. Kein Bedarf und auch keine Zeit. Ich schaff's gerade einmal im Jahr in die Kirche. Und das ist bei der Fleischweihe*

* *Die Segnung der Osterspeisen (Schinken, Würste, Eier, Kren, etc.), ist eine der meistbesuchten kirchlichen Feiern.*

zu Ostern.« Während ich entschlossen aufstand und meinen Mantel zuknöpfte, sagte ich noch: »Mach's gut, und viel Erfolg bei deiner Brautschau.«

Ein paar Wochen später entdeckte ich David zufällig in einer Illustrierten wieder – als »Single des Monats«. Wonach er suchte, hakte er mit drei Wörtern ab: »eine fleißige Hausfrau«. Aha. Aus »Jung-« wurde also »Haus-«. Ob er mit diesem Wunsch mehr Glück haben wird, bezweifle ich allerdings stark.

Der 2. Mann, der ein Freak ist

Hast du mal Zahnseide?

Michaela (26), Lehrerin, Graz,
über ihre Beziehung mit
Jonas (28), Möbeldesigner, Graz

Von nix kommt nix. Das gilt auch für das Daten von Männern. Zumindest erklärte mir mal eine Freundin, dass man um die hundert Verabredungen haben müsse, bis der Richtige dabei sei. Meine letzte Beziehung war schon über ein Jahr her, und ich kam, seit ich 16 war, auf ungefähr zwanzig Dates, inklusive vier längeren Beziehungen. Wenn ich so weitermachen würde, müsste ich Männer treffen, bis *ich* hundert wäre.

Diese Erkenntnis verlangte nach einer effizienten Verabredungsmethode – dem Speed-Dating. Die Vorteile: einmal aufstylen für gleich 15 Beziehungskandidaten, pro Mann fünf Minuten Zeit fürs Kennenlernen, einfach ankreuzen, ob man denjenigen wiedersehen möchte oder nicht.

Jonas gefiel mir auf den ersten Blick: verwuschelte Haare, Dreitagebart, Zahnpastalächeln.

»Ganz ehrlich: Du bist die attraktivste Frau in dieser Runde. Ich habe meine Entscheidung bereits getroffen«, sagte er.

Hin und weg von seiner selbstbewussten Art, stand ich auf und meinte augenzwinkernd: »Ich auch.« Die anderen Teilnehmer blickten uns verwundert hinterher.

»Moment mal. Das geht jetzt aber nicht. Ihr …« Wie die Organisatorin ihren Satz beendete, hörten wir nicht mehr. Ich konnte es kaum glauben, was mir da gerade passiert war: Ich faszinierte offensichtlich einen echten Traumtypen. Lachend liefen wir ins Freie und verabredeten uns für den nächsten Tag zum Abendessen. Als ich Jonas so gegenübersaß und seine schneeweißen Zähne mit der Deko-Perlenkette auf dem Tisch um die Wette glänzten, fühlte ich mich wie im Dating-Himmel. Nicht ein Wölkchen, wie etwa Gespräche über Exfreunde, eine gestörte Kindheit und daraus resultierende psychische Probleme, trübte diese Verabredung. Alles war leicht und lecker wie unser Essen.

Nachdem der Kellner unsere leeren Teller weggeräumt hatte, wühlte Jonas plötzlich in seiner Sakkotasche herum. Als er nicht fündig wurde, meinte er: »Hast du vielleicht Zahnseide bei dir?« Obwohl ich jegliches Bemühen der Männer, immer kussfrisch zu wirken, sehr begrüße, fand ich seine Frage irgendwie komisch. Ohne meine Antwort abzuwarten, schnappte er sich plötzlich die Perlenkette vom Tisch – die einzelnen Kügelchen waren in einem Abstand von ungefähr acht Zentimetern aufgefädelt – und wickelte sie sich wie Zahnseide um die Finger. Er drehte sich zur Seite und begann mit sägeartigen Bewegungen seine Zahnzwischenräume zu säubern. Ich konnte nicht hinschauen, weil sich dann augenblicklich Würgereflexe bei mir eingestellt hätten. Schon bei meinen Exfreunden ging ich immer aus dem Badezimmer, wenn sie Mundhygiene betrieben. Dieser weiße Schaum beim Putzen, der wie Tollwut aussieht. Und dann erst das Entfernen der Essensreste zwischen den Backenzähnen. Widerlich! Manche Männer haben obendrein noch die Angewohnheit, dass sie dieses unverdaute Zeug ausgiebig betrachten. So ähnlich wie beim Schnäuzen, wenn sie voller Stolz ihren Rotz inspizieren. Tja, Kerle lieben es halt, etwas zu produzieren. Aber bitte, bitte nicht beim ersten Date.

»Au, scheiße!«

»Was ist los?« Vorsichtig lugte ich aus meiner geneigten Kopfhaltung hoch.

»Ich bin mir gerade zu tief ins Zahnfleisch gefahren. Dieser Schmerz, bis ins Hirn rauf ...«

Mir war klar: Dieses Gehirn schmerzte nicht nur davon. »Du blutest total stark!« Ich deutete auf seine perfekte obere Zahnreihe, wo sich nun zwischen den einzelnen Zähnen rote Blutbächlein gebildet hatten. Die Lust auf Pannacotta mit Erdbeersauce war mir vergangen.

Als Jonas von seiner zehnminütigen Mundspülung auf dem Klo wieder an den Tisch kam, wollte ich den Abend für beendet erklären. Wahnsinnig sexuelles Interesse konnte er ja nicht an mir haben, wenn er schon jetzt Badezimmer-Rituale so offen auslebte.

»Ich muss morgen früh raus«, sagte ich leicht verärgert und griff nach meiner Handtasche. Wir gingen nach draußen, und als er erneut in seiner Jackentasche herumkramte, konnte ich mir die Bemerkung »Mit einem Zungenschaber kann ich leider auch nicht dienen« nicht verkneifen. Jonas ignorierte die Anspielung, zog mich stattdessen nah an sich heran und küsste mich. Er schmeckte nach Blut, gemischt mit Menthol. Die Vorstellung, dass ich einen metrosexuellen Vampir küsste, erregte mich irgendwie. Deshalb zögerte ich auch keinen Moment, als er mich fragte: »Nachtisch bei mir?«

Seine Wohnung war schön: viel Weiß, aufgeräumt, tolle Lampen. Ich verschwand ins Badezimmer, um mich frisch zu machen. Mein erster Blick fiel auf die Ablage unter dem Spiegel. Acht verschiedene Arten von Zahnpasta standen dort in Reih und Glied. Zahncreme gegen Parodontose, Zahnpasta mit Schleifpartikelchen, Gel-Schaum für extra weiße Zähne. Rechts und links davon jeweils Mundwasser und ein Zungenreiniger in Rosé. Plötzlich riss Jonas die Badezimmertür auf und holte aus einer Lade eine verpackte Zahnbürste hervor: »Bitte schön.« Das war ja jetzt wohl die Höhe! Was sollte denn diese Anspielung? Ach du Schreck, hatte ich etwa Mundgeruch?

»Falls du hier übernachten willst«, beruhigte er mich.

Leidenschaftlich küsste Mister Saubermann mich wieder – jetzt schmeckte er nur noch nach Menthol – und zog mich in sein Schlafzimmer. Der Sex war fürs erste Mal ganz okay, guter Durchschnitt. Nur eine Sache erweiterte meinen Horizont: Bei Jonas gab's nicht Zigarette, sondern Zahnspange danach. So als ob es das Selbstverständlichste auf der Welt wäre, steckte er sich vor mir dieses Plastikding auf seine obere Zahnreihe. »Weischt du, die trage ich jede Nacht«, nuschelte er jetzt ohne Schamgefühl.

»Aber warum? Deine Zähne sind perfekt. Ich kenne keinen Mann, der ein solches Hollywood-Lachen hat!«

»Und dasch scholl auch scho bleiben. Gute Nacht.«

Mit einem innerlichen Lachkrampf schlief ich neben meinem Zahnspangen-Fetischisten ein. Spaß im Bett bekam von nun an eine ganz neue Bedeutung.

Obwohl: Das mit den Lachkrämpfen hat sich nach mittlerweile zweijähriger Beziehung gelegt. Irgendwann gewöhnt man sich schließlich doch daran, dass der Freund jede Nacht mit seiner Jugend-Zahnspange neben einem einschläft. Auch Zahnseide benutzt Jonas nach wie vor, wo er nur kann. Zum Beispiel im Auto, wenn die Ampel auf Rot ist. Er sieht das ganz pragmatisch: Wir Frauen schminken uns bei solchen Gelegenheiten eben. Punkt für ihn.

Aber kein Nachteil ohne Vorteil: So viel Zeit er in seine orale Befriedigung investiert, investiert er auch in meine. Und darüber habe ich mich noch nie beschwert.

Der 3. Mann, der ein Freak ist

Bis ein Dildo uns scheidet!

Sarah (29), Fotografin, Wien,
über ihre Kurzehe mit
Manuel (29), Marketingexperte, Wien

Irgendwie erbärmlich. Aber ich dachte immer, dass die Hochzeitsnacht *der* Höhepunkt in meinem Sexualleben sein würde. Das war sie auch: nur leider nicht in meinem Unterleib.

Dabei hatte alles so vielversprechend begonnen. Ich sah Manuel das erste Mal an der Uni. Er war einer dieser typischen alternativen Kommunikationswissenschaftler, die in Fetzenjeans und Ringelpullis durch die Gänge schlurften. Damals war ich ziemlich verschärft unterwegs, angelte mir jeden Typen, der mir gefiel. Und Manuel sollte mein nächstes Opfer sein.

Auf einer Studentenparty sprach ich ihn an. Zeit war schließlich Sex, in meinem Fall.

Begeistert von so viel weiblicher Offensive, flirtete er wie wild mit mir, schaute aber trotzdem kein einziges Mal auf meinen Busen. Unverständlich! Ich hatte ihn appetitlich in meiner Nahkampfmontur – ein negligéartiges grünes Oberteil – angerichtet. Und meine Brustwarzen fixierten Manuels Pupillen wie zwei Zyklopen-Augen. Doch der wiederum fixierte nur meine Augen, und in diesem Falle meine richtigen. Entweder war seine Dioptrienzahl knapp unter der für vollkommene Blindheit, oder er war schwul. Das Letzte schloss ich aber bald aus, da sich sein Blick nun an meinen rot geschminkten Lippen festgesogen hatte. Alles klar: Er war einer von jenen Typen, die sich lange Umwege ersparen. Durch meinen reichhaltigen Erfahrungsschatz kannte ich nämlich die männliche Einfach-Formel: Mundöffnung = Muschiöffnung.

Aber es kam nicht mal zu einem Abschiedskuss, obwohl ich echt heiß auf ihn war. Zum einen wegen seiner sexuellen Zurückhaltung. Zum anderen, weil ich Manuel mit meinen 1,80 Meter um zehn Zentimeter überragte. Das versprach heiße Bettakrobatik. Denn: Je kleiner der Mann, desto beweglicher. Hängt wahrscheinlich damit zusammen, dass Mini-Männer in ihrer Jugend immer irgendwelche Dehnübungen praktizierten, in der Annahme, ein paar Millimeter dazuzustretchen.

Unser zweites Date lief ähnlich ab. Heißer Flirt, kein Kuss! Jetzt reichte es mir! Dynamisch schlang ich meine Arme um seinen Hals, beugte mich in leichter Hocke zu ihm runter und presste meine Lippen auf seine. Er erwiderte den Kuss ganz vorsichtig. Von Leidenschaft war da nicht viel zu spüren.

Plötzlich wich er zurück. Wie aus der Pistole geschossen, sagte er: »Ich hatte erst drei!«

Was, drei? Drei Bier? Hatte er sich mich noch nicht schön genug getrunken?

»Frauen, mein ich. Ich hab einfach Angst, dass ich etwas falsch mache.«

Ich war baff. Und wusste im Grunde genommen nicht einmal, worüber: dass ich einen 27-jährigen – fast unbefleckten – Jüngling vor mir hatte oder dass er so erstaunlich ehrlich zu mir war.

Das zu kommentieren, erschien mir sinnlos. Deshalb machte ich einfach beherzt weiter, wo ich aufgehört hatte. Was der Junge schließlich brauchte, war Praxis!

Wir knutschten also weiter. Und wahrlich! Mein Schüler lernte schnell. Die Zunge setzte er nach und nach immer gekonnter ein. Bravo! Eins, liegen!

Und zwar in meinem Bett. Auch da war das Ganze noch durchaus ausbaufähig. Baustein für Baustein erklommen wir mit der Zeit den Gipfel des Genusses. Bis – ja bis sich eines Tages eines seiner Spermien den Weg zu meinem Ei bahnte. Ich war schwanger. Und das nach einem halben Jahr Beziehung. Mir war von Anfang an klar: Eine Abtreibung kam nicht infrage. Heirat hingegen schon. Diesbezüglich wollte ich geordnete Strukturen. Und da Manuel kein Macher-Typ war, beschloss ich, auch diese Angelegenheit selbst in die Hand zu nehmen. Meine Feststellung: »Wir sollten heiraten!« beantwortete er mit einem kopfnickenden »Okay«. Trotzdem hatte ich das Gefühl, dass er von diesem Vorhaben nicht wirklich begeistert war. Mir war's egal: Ich wollte, dass meine Tochter in geregelte Verhältnisse hineingeboren wird. Außerdem wurde es langsam Zeit, dass sich Manuel für meine Sex-Schulungen revanchierte.

Der Hochzeitstermin wurde festgesetzt, mein Bauch wuchs, Manuels Libido hingegen schrumpfte. In den ersten drei Schwangerschaftsmonaten störte mich das auch nicht sonderlich, da ich selbst keine große Lust auf Sex hatte.

In diese Zeit der Enthaltsamkeit fiel auch die Hochzeit. Ich bin mir ziemlich sicher, dass es selten eine freudlosere gegeben hat. Manuel kümmerte sich um gar nichts. Wie wir heiraten, wen wir einladen, wo das Hochzeitsessen stattfinden sollte. Er klinkte sich vollkommen aus. Da ich aber sowieso nie den Traum von einer großen Märchenhochzeit hatte, sah ich das Ganze entspannt und begann eine Woche vor dem schönsten Tag meines Lebens mit den Vorbereitungen. Ein kleines Restaurant für zwanzig Personen war schnell gefunden, und mein Hochzeitskleid war sozusagen selfmade. Manuel hatte mir bei einem verlängerten Wochenende in Triest ein weißes Gipsy-Kleid gekauft. Da ich nun aber aufgrund meiner neuen Rundungen nicht mehr hineinpasste, schnitt ich es unter dem Bauch ab, und eine befreundete Boutique-Besitzerin schenkte mir eine weiße Bluse dazu. Manuel borgte sich einen schwarzen Anzug aus dem Theaterfundus aus. Damit er wenigstens ein bisschen nach Hochzeit aussah, band ich ihm eine Schleife, die ich aus dem Reststoff meines Gipsy-

Kleides geschneidert hatte, um den Hals. Wir sahen aus, als ob wir gerade dem *Big Brother*-Container entsprungen wären.

Manuels Trauzeuge war sein bester Freund Bernd, ich nahm Freddy, meinen schwulen Freund aus München.

Nachdem wir den Ringtausch, Essen und dezentes Feiern hinter uns gebracht hatten, freute ich mich jetzt auf die Hochzeitsnacht. Um Manuel ein Highlight zu bescheren, trug ich weiße Spitzenunterwäsche, die teurer war als die ganze Feier.

Ich kam aus dem Badezimmer, Manuel lag schon im Bett. Als er mich so sah, zog er die Decke bis zur Nasenspitze hoch. Mit weit aufgerissenen Augen wie ein verschreckter Koboldmaki flehte er mich an: »Bitte nicht!« und zog die Decke über den Kopf. Anscheinend war mein Anblick so angsteinflößend für ihn. Dabei hatte er noch nicht einmal meinen erotischen Bauchtanz gesehen, den ich als Vorspiel eingeplant hatte.

Als ich wutentbrannt und sexuell entwürdigt wieder zurück ins Badezimmer wollte, klopfte es zaghaft an der Schlafzimmertür.

Ich öffnete, und mein Trauzeuge Freddy stand in neongrünen Shorts, bedruckt mit pinkfarbenen Seepferdchen, vor uns.

Er übernachtete als Einziger der Hochzeitsgäste in unserer Wohnung, da er Angst vorm Alleinschlafen hatte. Seit seiner Kindheit litt er unter diesen Angstzuständen und machte auch mehrere Therapien. Ohne Erfolg. Seit er 16 war, hüpfte er deshalb von einer Beziehung in die nächste, auch wenn der betreffende Mann gar nicht sein Fall war. Er verlangte von seinen Bekanntschaften, dass sie gleich mit Sack und Pack bei ihm einzögen. Verständlich, dass jeder bisher irgendwann das Weite gesucht hatte.

Ausdauernd dagegen sein jetziger Freund Carlos. Schon seit zwei Jahren bettete er sich, wo Freddy sich bettet, und kommt damit auch wunderbar zurecht. Nur leider war er krank, und Freddy musste alleine auf unsere Hochzeit kommen.

»Ich dachte, mittlerweile hast du die Angst so weit im Griff, dass du es schaffst, alleine im Nebenzimmer zu schlafen?«, fragte ich in der Hoffnung, dass Freddy wieder verschwand.

Doch schwups! So schnell konnte ich gar nicht schauen, schon lag er neben Manuel im Bett.

Dem schien das gar nichts auszumachen. Im Gegenteil: Er wirkte erleichtert. Aus seiner Sicht betrachtet: Als Alternative zur Migräne hatte er nun eine wirklich greifbare physische Ausrede für seine Sexverweigerung.

Als ich die beiden da im Bett so nebeneinander liegen sah, fühlte ich mich wie Alice im Albtraumland. Schlimmer wurde es nur noch, als ich auf der Couch, die eigentlich Freddys Nachtlager war, nicht schlafen konnte. Also begab ich mich wieder in unser »Ehebett«. Beide Männer schlummerten süß.

Da lagen wir nun. Rechts Manuel, in der Mitte Freddy, ich links von Freddy. Eine Ménage-à-trois, ohne Ménage.

Als Wiedergutmachung hatte Freddy am nächsten Morgen ein wunderbares Frühstück gezaubert. Die Wahrheit aber war: Meine Hochzeitsnacht wäre so oder so ins Wasser gefallen. Manuel begehrte mich einfach nicht mehr.

Neben meinem Frühstücksei lag ein Päckchen. Hatte mein Angetrauter etwa eine Morgengabe für mich? Oder überhaupt eine Gabe? Denn ich hatte noch gar kein Hochzeitsgeschenk von ihm bekommen. Erwartungsvoll zog ich an der rosaroten Schleife, öffnete die silberfarbene Pappschachtel und zum Vorschein kam – ein Dildo. Aus Chrom, eingebettet in Watte. Wie in Zeitlupe nahm ich die harte Stange in die Hand, betrachtete sie von allen Seiten. Fein säuberlich war in Großbuchstaben »MANUEL« eingraviert. Seit wann kann bitte meine Muschi lesen? Daneben lag ein Kärtchen und darauf stand: »Als wär's ein Stück von mir.«

Ich begann, leise und rhythmisch mit dem Dildo auf den Tisch zu klopfen. In derselben Lautstärke war auch mein erstes »Verschwinde!«. Das Klopfen artete zu einem Schlagen aus und mein Schreien zu einem Gebrüll. »Verschwinde, verschwinde!«

Manuel kam aus dem Badezimmer gerannt. Als er mit einem Handtuch um die Hüften und dem Rasierschaum im Gesicht verwirrt vor mir stand, rastete ich endgültig aus und schleuderte ihm den Dildo entgegen. Leider traf die fliegende Stange nicht ihn, sondern meinen neuen Spiegel.

Binnen einer Woche waren wir wieder geschieden. Bis zur Geburt unserer Tochter brach ich den Kontakt gänzlich ab. Sie wiederum war der Grund, warum wir jetzt freundschaftlich miteinander umgehen. Mittlerweile hat sich Manuel sterilisieren lassen. Ein kleiner Schnitt für seinen Samenleiter, ein großer Schritt für sein Ego. Das war das einzige Mal, dass er es geschafft hatte, selbst etwas in die Hand zu nehmen.

Der 4. Mann, der ein Freak ist

»Bist leicht scho kumman?«

Johanna (28), Verkäuferin, München,
über ihre Beziehung mit
Helmut (27), Installateur, Wien

Dirty Talk fand ich immer heiß. Bis zu dem Tag, als ich das erste Mal Sex mit Helmut hatte. Seit damals ist es mir ehrlich gesagt am liebsten, wenn Männer im Bett den Mund halten. Stöhnen – ja, Reden – nein!

Ich war zu Besuch bei meiner Wiener Freundin Caro. Auf dem Programm standen: Quatschen, Shoppen, Fortgehen. Ich hatte gerade eine Beziehung beendet und brauchte ein bisschen Abstand von meiner vertrauten Umgebung.

Am Tag meiner Ankunft stand, wie Caro es nennt, »ordentlich Gas geben« auf dem Programm. Heißt: tanzen und trinken bis zum Morgengrauen. Und weil das mit einer Gruppe von Leuten mehr Spaß macht, kamen Caros gute Freunde Lissy und Helmut mit.

Es wurde ein lustiger, feucht-fröhlicher Abend. Zumindest für uns drei Mädels. Helmut war mehr die Sorte »schweigsamer Langweiler«. Den ganzen Abend redete er kein einziges Wort mit mir, schaute mich kaum an. Mir war's egal: Obwohl ich einem One-Night-Stand an unserem Gasgeber-Wochenende nicht abgeneigt gewesen wäre, fiel Helmut dafür sowieso durch den Lattenrost. Er war überhaupt nicht mein Typ, groß und wuchtig – wie eine Kathedrale. Sein Kopf das Gegenteil: ein Babyface mit großen blauen Augen und rosarotem Schmollmündchen.

Am nächsten Morgen – ich lag noch verkatert im Bett – klingelte mein Handy. Da ich die Nummer nicht kannte, ging ich nicht ran. Mache ich grundsätzlich nie.

»Hat dich Helmut schon angerufen? Ich habe ihm deine Telefonnummer gegeben«, meinte Caro, während wir bei Kaffee und Frühstückskipferln saßen.

»Warum?«, fragte ich völlig überrascht.

»Er möchte mit dir heute was unternehmen.«

»Wir reden doch von demselben Helmut, oder? Der, der mich gestern keines einzigen Blickes gewürdigt hat. Und kann der überhaupt sprechen?«

»Du, der ist nur voll schüchtern. Er ist ziemlich begeistert von dir. Ruf ihn doch an und unternehmt etwas. Ich habe sowieso keine Zeit am Nachmittag. Du weißt, das Meeting.«

Überredet. Ich traf mich mit Helmut in der Innenstadt auf einen Kaffee. Das, was er am Vorabend versäumt hatte, holte er jetzt wie eine Lok auf. Gott sei Dank war er aber kein Dampfplauderer, sondern brachte mich mit seinem Wiener Schmäh oft zum Lachen. Er war echt witzig, hatte Charme.

Als er mich vor Caros Wohnungstür absetzte, küsste er mich. Mit sehr viel Gefühl, aber doch sehr fordernd und leidenschaftlich. Bis jetzt hatte ich immer nur schmallippige Männer, wo die Hälfe meiner Lippen sich eher an kratzigen Bartstoppeln als an weicher Haut rieben.

Nicht so bei Helmut. Hier war alles zart und glatt. Das Babyface hatte auch babyweiche Lippen.

Erstaunlicherweise legte er nach meiner Abreise nach München eine Hartnäckigkeit an den Tag, die mir unbekannt war. Er schrieb unzählige E-Mails, rief jeden Tag an. Seine Briefe waren witzig, die Telefonate spritzig – ich war verliebt.

Als er mich zwei Wochen später in München besuchen kam, kam es auch zum Sex. Und schon war ich mitten in einer Tragödie in drei Akten.

Akt I: Wir saßen auf dem Bett und fingen an, uns zu küssen. Zuerst leicht und zärtlich mit dem Mund, dann unter leidenschaftlichem Einsatz der Zunge. Seine feuchte Hand glitt langsam von meinem hitzigen Gesicht abwärts und machte zwischen meinen wohlgeformten Schenkeln halt. Ungestüm drang er mit Zeige- und Mittelfinger in meine Scheide ein, rührte darin herum, als wenn er Vanillepudding kochen würde. Zweimal im Uhrzeigersinn, dann zweimal dagegen, zweimal auf und ab. Erregt hielt er inne und fragte im schönsten Wienerisch: »Bist leicht scho kumman?«

Akt II: Dann leckte er. Zweimal die rechte Schamlippe, zweimal die linke, zweimal dazwischen auf und ab. Mit dem Gesicht zwischen meinen Schenkeln wie in einer Guillotine steckend, schaute sein hochrotes Antlitz mich fragend an: »Bist leicht scho kumman?«

Akt III: Sein schwitziger Körper rollte sich nun auf mich. Ich streichelte ihm über den Rücken, der mit einem leichten Haarflaum überzogen war. Sekundenschnell drang er in mich ein. Mit den Unterarmen neben meinem Kopf sich abstützend, stieß er zu. Einmal, zweimal, dreimal. Er kam, erschlaffte und fragte: »Bist leicht scho kumman?«

Akt I bis III dauerte – über den Daumen gepeilt – fünf Minuten. Das würde nicht einmal für den Prolog in einem Drama reichen.

Während ich sein erstes »Bist leicht scho kumman?« für eine Scherzfrage hielt und nicht näher darauf einging, wollte ich ihm beim zweiten Mal dafür eine kleben. Beim dritten Mal stieg dann innerhalb kürzester Zeit eine Welle von Wut in mir hoch. Er kann doch unmöglich denken, dass ich zum Orgasmus oder gar zu multiplen gekommen bin! Oder glaubte er tatsächlich, dass man eine Frau wie ein Los kurz rubbelt, und sie kommt in Fahrt? Offensichtlich. Denn während er sich in Löffelstellung an mich kuscheln wollte, fragte er ernsthaft: »War's für dich genauso schön wie für mich?« Ich suchte das Weite – unter die Dusche.

Als das warme Wasser über mein Gesicht rieselte, überlegte ich, wie ich Helmut auf schnellstem Wege loswerden könnte. Klar, mit der Zeit würde der Sex – unter meiner Anleitung – vielleicht besser werden. Aber hatte ich wirklich Lust, mich als Entwicklungshelferin für einen sexuell Verkümmerten zu betätigen? Da ich ihn nicht unbedingt an einem Samstagabend aus der Wohnung schmeißen wollte, beschloss ich, ihm am nächsten Tag, kurz vor seiner Abreise, meine Entscheidung mitzuteilen.

Tja, mit den Vorsätzen ist das so eine Sache. Man wirft sie leicht über Bord. Vor allem, wenn's doch so halbwegs passt. Und außerhalb des Bettes tat es das auch. Da Helmut am nächsten Tag zeitig losfahren musste, schliefen wir nicht mehr miteinander. Also sagte ich nichts. Außerdem war ich doch beeindruckt, dass er die lange Autofahrt auf sich genommen hat, obwohl wir gerade mal 24 Stunden für uns hatten. Als er mir am Montag darauf wieder eine wundervolle E-Mail schrieb, war mein letzter Zweifel verflogen: »Speedy Gonzales« hatte eine zweite Chance verdient.

Schon eine Woche später stand er erneut vor meiner Haustür. So schnell er wiederkam, kam er auch in mir. Das gleiche Szenario wie beim ersten Mal: küssen, lecken und »Bist leicht scho kumman?«. Als er mich dabei, zwischen meinen Schenkeln klebend, wieder fragend anschaute, meinte ich: »Wohin?«

Er blickte verdutzt. Ich dagegen verließ die Vorstellung vor dem Ende und schickte Helmut noch am selben Abend nach Hause. Der Vorhang war endgültig gefallen. Ohne Standing Ovations.

Der 5. Mann, der ein Freak ist

»Frische Wäsche für alle Lebenslagen«

Iris (32), Assistentin der Geschäftsführung, Berlin,
über ihre Beziehung mit
Harry (43), Manager, Berlin

Mit seinem blütenweißen Hemd und dem perfekt sitzenden Anzug sah er aus, wie gerade einer Waschmittel-Werbung entsprungen. Jeden Tag saß er um die gleiche Zeit am perfekt gedeckten Mittagstisch im Restaurant. Bevor er zu essen begann, schüttelte er mit einer schnellen Handbewegung die weiße zusammengefaltete Serviette auf und legte sie auf seinen Schoß. Dann begann er wie aus dem Knigge-Handbuch zu essen: einen Bissen vom Steak, artig das Besteck ablegen, den Mund ganz leicht mit der Serviette abtupfen. Abgetupft wurde auch, wenn er einen Schluck aus seinem Weinglas nahm. Alle Frauen im Restaurant starrten ihn an. Kein Wunder. Er war ein Bild von einem Mann: 1,90 Meter groß, schwarzes, perfekt geschnittenes Haar – fast wie eine Perücke –, gepaart mit einer unnahbaren Ausstrahlung, die aber unglaublich anziehend wirkte.

Ich arbeitete damals als Sekretärin in dem Großkonzern, den Harry mit drei weiteren Geschäftspartnern leitete. Seit einem Jahr war ich nun in der Firma. Genauso lange war ich verliebt in ihn. Und genauso lange würdigte er mich keines Blickes. So wie auch keine der anderen Frauen in dem Restaurant.

Bis zu dem Tag, als er sich sein strahlend weißes Hemd mit Tomatensauce vollkleckerte. Hektisch wischte er mit seiner Serviette herum, verwischte dabei die rote Soße aber noch mehr.

Ich witterte meine Chance. Meiner Handtasche sei Dank. Sie ist so etwas wie mein Erste-Hilfe-Kasten: befüllt mit Hansaplast, Tampons und Fleckenstift.

Nervös ging ich auf Harry zu und reichte ihm den Tintenkiller für Wäsche. »Versuchen Sie es damit«, lächelte ich ihn schüchtern an. Verwirrt, aber dankbar, tupfte er nun unbeholfen mit dem Stift auf den Flecken herum.

»Lassen Sie mich mal.«

Bereitwillig gab mir Harry den Fleckenstift wieder, und ich entfernte fachmännisch das Übel. Ich kam ihm dabei so nahe, dass ich sein Parfum roch. Er duftete sehr gut, nach Muskat, Pfeffer und ganz leicht nach Tomatensauce. Als auch der letzte rote Punkt unter dem bleichenden Gel verschwand, strahlte mich Harry wie ein kleines Kind an, das gerade den Weihnachtsmann gesehen hatte.

»Sie sind eine Frau zum Heiraten.« Seine dunkelbraunen Augen leuchteten.

Jetzt wurde ich rot. Er bot mir den Stuhl neben sich an und übernahm als Dankeschön die Rechnung von meinem Mittagessen. Von da an aßen wir fast jeden Tag gemeinsam zu Mittag. Wir lachten viel, tauschten uns über Gott und die Welt aus. Das einzige Thema, das wir mit großem Bogen umschifften, war unser Beziehungsstatus. Nach einem Monat wollte es Harry endlich wissen und sagte: »Meinst du nicht, dass wir mal ein richtiges Date haben sollten? Oder bist du etwa vergeben?« Mein Herz pochte.

»Äh, nein. Ich bin solo.«

»Genau wie ich. Also spricht ja kein Grund dagegen. Außer, du findest mich nicht anziehend«, meinte er augenzwinkernd.

Was für eine Frage? Mittlerweile tat ich das schon seit einem Jahr und einem Monat. Und die Tagträume, wo und wie wir uns küssten, wo und wie wir Sex hatten, wurden auch nicht weniger.

Nach dem ersten Date folgten ein zweites und ein drittes. Kurz darauf waren wir ein Paar, nach einem halben Jahr zogen wir bereits zusammen. Alles war perfekt. Wie unsere neue Wohnung.

Harry liebte die Farbe Weiß. Nicht nur an den Wänden. Weiße Sofas, weiße Tische, weiße Vorhänge. Sogar der Fernseher musste weiß sein. Obwohl ich eher im Reich der Farben zu Hause bin, ordnete ich mich ihm unter. Sogar bei Kleinigkeiten wie roten Kerzen sah er rot. Ich musste sie sofort im Müll entsorgen und weiße besorgen. Das fand ich schon ziemlich übertrieben, wollte aber deshalb keinen Streit anfangen. Schließlich zahlte Harry alles, kam für jedes noch so kleine Wohnaccessoire auf. Er bestand sogar darauf, dass ich mich weder an der Miete beteilige, noch das Essen oder irgendetwas sonst zahle. In dieser Hinsicht sei er einfach altmodisch. Da ich mich an unserem gemeinsamen Palast in irgendeiner Form mit einbringen wollte, wusch ich seine Wäsche. Arbeitsteilung gab's schließlich schon in der Steinzeit. Der Mann erlegte das Wild, und die Frau zauberte daraus das Essen. In unserem Fall entledigte er sich seiner Hemden, und ich warf die Waschmaschine an. So hatte ich das Gefühl, wenigstens einen kleinen Beitrag für die Haushaltskasse zu leisten.

Zu welchen Konditionen er seine Leistungen im Bett erbrachte, fand ich anfangs beeindruckend, mit der Zeit aber äußerst merkwürdig. Obwohl wir seit einigen Monaten zusammen waren und uns bereits einem HIV-Test unterzogen hatten, wollte Harry trotzdem nie ohne Kondom mit mir schlafen. Diese Einstellung kannte ich von den Männern bis dato nicht. Viele legten nicht einmal bei einem One-Night-Stand Wert auf Safer Sex. »Ich bin vollkommen gesund«, hörte ich oft als Begründung. Meine Standard-Antwort darauf: »Schön für dich. Aber wer sagt dir, dass ich es bin.«

Harry war da, wie gesagt, anders. Auch die Sorge über eine ungewollte Schwangerschaft konnte nicht der Grund für seine Kondom-Vorliebe sein, da ich die Pille nahm. Wenn ich ihn darauf ansprach, druckste er herum, meinte aber schließlich, dass er es mit Gummi einfach hygienischer finde und das Sperma so nicht im Bett oder sonst wo lande. Er nannte das »Effizienz beim Sex«. Nachher braucht man nur das befüllte Sackerl zu entsorgen. Wir seien ja beide berufstätig und könnten nicht ständig die Bettwäsche wechseln oder eingetrocknetem Sperma mit Desinfektionsspray und Wischlappen zu Leibe rücken. Irgendwie einleuchtend, wenn wir es zwei Mal am Tag getrieben hätten. Aber nach sieben Monaten Beziehung waren wir beim lausigen Alle-zwei-Wochen-Sex angelangt. Und da hätte ich solche Putzaktionen gerne in Kauf genommen.

Neben der Quantität ließ leider auch die Qualität nach. Harry hatte kaum noch Lust auf ein Vorspiel, von irgendwelchen Stellungswechseln ganz zu schweigen. Ort des Aktes war meistens das Bett.

Er schob seine sexuelle Unmotiviertheit auf den Stress in der Firma, personelle Umstrukturierungen machten ihm zu schaffen, und außerdem stehe gerade wieder ein neues wichtiges Projekt an. Ich war beruhigt. Zumindest vorerst. Bis zu dem Tag, als ich schier Unglaubliches in unserem Bett entdeckte!

Wir hatten schon seit vier Wochen keinen Sex mehr, als ich eines Abends vom Kino mit einer Freundin nach Hause kam. Nach der Dusche wollte ich nur noch ins Bett und schlafen. Harry war schon zu Hause und saß in seinem weißen Bademantel am Laptop und arbeitete noch. Seine Bettdecke war aufgeschlagen. Ich legte mich auf die Matratze, rollte mich zur Seite und wurde von einem großen, feuchten – ich roch daran – Spermafleck angegrinst. Harry hatte frisch-fröhlich auf das Laken gewichst. Ich konnte es kaum glauben. Was tat denn *das* in unserem Bett? Um eine Fehldiagnose auszuschließen, steckte ich meine Nase nochmals hinein: »Ja, eindeutig – Sperma!« Verwundert ging ich zu Harry, um ihn – eigentlich blöd – zu fragen: »Warst das du im Bett?«

Langsam nahm er seine Brille ab, schaute mich ruhig an und meinte: »Sorry, Schatz. Ich musste mal wichsen.«

»Ja, das sehe ich! Es geht nicht darum, dass du wichst, sondern wohin du wichst. Wenn du mit mir schläfst, hast du Angst, dass auch nur ein kleines Spermatröpfchen das Bett versaut. Und nun ergießt du deinen gesamten Inhalt über das Leintuch, das ich wohlbemerkt heute gerade frisch bezogen habe. Und abgesehen davon, schon seit vier Wochen haben wir keinen Sex mehr. Aber Wichsen geht, oder wie?« Ich kam so richtig in Fahrt, wurde wütend und traurig.

Dass Männer, auch wenn sie in einer Beziehung leben, mal selbst Hand anlegen, war mir ja nicht neu. Mich erschreckte eher die Tatsache, dass er es anscheinend bevorzugte, sich selbst zu befriedigen, ohne dass ich dabei befriedigt wurde.

In dieser Nacht wollte er mit mir schlafen. Ich vermute, ihn plagte das schlechte Gewissen. Doch mir war die Lust vergangen. Außerdem hätte ich das Ganze als Verhöhnung unseres Sexlebens empfunden: Er konnte zwar die Bettwäsche beflecken, aber nicht mich. Ich fühlte mich schmutzig.

Bevor ich am nächsten Morgen zur Arbeit ging, sollte noch die Waschmaschine angeworfen werden. Ganz oben auf dem Schmutzhaufen lag das Laken mit dem eingetrockneten Sperma, daneben ein höchstens einmal benutztes Handtuch mit – jawohl – frischem Sperma. Das darf doch nicht wahr sein!

»Harryyyyyyyy! Es gibt auch Kleenex!«

Er war schon weg.

Angewidert spülte ich das milchig-klebrige Zeug unter dem Wasserhahn ab, bevor ich das Handtuch mit den anderen Sachen in die Maschine gab. Jetzt war ich beunruhigt. Das war definitiv nicht normal. Als wir noch regelmäßigen Sex hatten, fand ich nirgendwo irgendwelche Spermaspuren. Was war denn da passiert? Warum hatte er keine Lust mehr auf mich, dafür aber auf Bettwäsche und Handtücher?

Als Harry am Abend nach Hause kam, sprach ich ihn darauf an. Lakonisch meinte er nur: »Ich wichse halt gern in frische Sachen.« Was denn daran so schlimm sei, schließlich schlafe er ja trotzdem noch mit mir.

Ich wusste nicht, was ich darauf entgegnen sollte. Ich wichse halt gern in frische Sachen! Was soll das denn heißen? Dass meine Muschi gammelt?

Langsam dämmerte es mir: deshalb auch immer ein Kondom, wenn er mit mir schlief. So hatte er das Gefühl, in etwas Sauberes zu spritzen, da ich meine Muschi ja schlecht auskochen konnte.

»Bitte hab Geduld mit mir, Iris. Nach diesem wichtigen Auftrag wird es auch mit unserem Sex wieder klappen. Zurzeit ist es einfach stressfreier für mich, selbst Hand anzulegen. Wenn dir das mit der Wäsche zu viel wird, dann stelle ich einfach eine Haushälterin ein.« Gut, Problem behoben!

Im Ernst: Für ihn war diese Situation wirklich normal, und er stellte mich einfach vor vollendete Tatsachen. Er wollte nur mit Kondom mit mir schlafen, und ich hatte seine Wichs-Anfälle zu akzeptieren. Ein richtiger Volltreffer!

Ich war drauf und dran, meine Sachen zu packen, um zu verschwinden, doch Harry flehte mich an, ihm noch einen Monat Zeit zu geben.

Die gab ich ihm dann auch. Schließlich war ich echt verliebt in ihn und ab einem gewissen Alter sollte man, im wahrsten Sinne des Wortes, nicht allzu schnell das Handtuch werfen.

So wurden wir ein eingespieltes Team. Er wichste, ich wusch. Mal waren es die sauberen Bettlaken, dann wieder die mit Weichspüler gewaschenen Handtücher, ein anderes Mal seine weißen Tennissocken. Nach zwei Wochen hatte ich einfach keinen Bock mehr auf einen Weißwichser. Harrys Sperma bekam ich öfter zu sehen als ihn selbst. Der Gipfel der Erniedrigung war: Er hatte sich auf einem frischen Kopfkissenbezug ergossen, den er aus dem Wäschekorb rausholte und dann wieder reinlegte.

Ekelhafterweise merkte ich das erst, als ich mit dem Bügeleisen über das noch nasse Ejakulat drüberdampfte.

Das war der Tag, als ich beschloss, ihn zu verlassen. Mit so einem Mann konnte und wollte ich einfach nicht zusammen sein. Ich kündigte meinen Job und zog in eine neue Wohnung. Die ist zwar nur sechzig Quadratmeter groß, dafür aber bunt und gemütlich. Weiß sind einzig und allein ein paar Kaffeetassen. Ansonsten ertrage ich diese Farbe nicht mehr. Selbst das Badezimmer ließ ich in Hellblau umkacheln. Vor drei Wochen habe ich André kennengelernt. Welche Überraschungen da auf mich warten … Seine Bettwäsche ist zumindest mal kariert.

Der 6. Mann, der ein Freak ist

Alles Gute zum Geburtstag, Schatz!

Lilly (24), Journalistin, Hamburg,
über ihre Beziehung mit
Marco (26), Journalist, Hamburg

Mit dem richtigen Geschenk sind schon Siege errungen worden und Schlachten verloren gegangen. Ohne das gigantische Holzpferd hätten die Griechen niemals über die Trojaner triumphiert, und ohne teuren Schmuck wäre Julius Cäsars Erfolg bei den Frauen nur halb so groß gewesen.

Da der Durchschnittsmann von heute selten Goldbarren und Diamanten in seinem Keller lagern hat, bedarf es einiger Kreativität, um mit dem passenden Geschenk bei seiner Liebsten zu punkten. Vor allem die erste Gabe bleibt einer Frau für immer und ewig ins Hirn gebrannt. So wie der erste Kuss, der erste Sex. Das vergisst man nicht.

Fünf Jahre ist es schon her. Da gab mir Marco das erste Mal ein Packerl. Ich erinnere mich daran, als ob es gestern gewesen wäre. Aufgefallen ist er mir an der Uni, als er einen Vortrag – ich glaube, er hatte das Thema »Die Bildsprache des Werbefilms« – hielt. Sein selbstbewusstes Auftreten beeindruckte mich. Während die anderen Studenten leise und schüchtern ihre Texte von den Kärtchen lasen und sich kaum trauten, die Zuhörer anzuschauen, blickte Marco selbstbewusst in die Menge. Er gestikulierte selten und wenn, dann ausdrucksstark. Wie ein Politiker im Wahlkampf.

Danach sind wir ins Gespräch gekommen, und er lud mich spontan am Abend zu einer Feier ein, die er mit ein paar Freunden gab. Wir kamen uns näher, schmusten und waren von da an zusammen.

Marco ist einer dieser Männer, die man gerne seinen Eltern vorstellt. Das tat ich auch bald, und er brachte, ganz Gentleman, meiner Mama einen Blumenstrauß mit. Diese Aufmerksamkeit war mir bis dahin von ihm noch nicht beschert worden. Nicht einmal in Form einer einzigen Rose. Doch ich gab dem nicht allzu viel Bedeutung. Schließlich waren wir erst seit zwei Monaten ein Paar, und in drei Wochen stand sowieso mein Geburtstag, und hoffentlich dann auch ein Geschenk, an.

Marco lud mich in ein kleines, aber feines Restaurant ein. Er hatte sich für diesen Anlass extra chic gemacht, trug Parfum, was er sonst eher selten benutzte. Neue Lederschuhe hatte er auch. Er sah aus wie ein Firmling. Nur anstelle der Kerze trug er einen Plastiksack bei sich, den er bei Tisch sofort unter dem Stuhl verstaute. Ich war schon ganz kribbelig, vermutete mein Geschenk darin.

»Schatz, bestell dir, was immer du möchtest«, sagte Marco generös, während er schon eifrig die Speisekarte studierte.

Wir aßen über zwei Stunden, tranken Wein, lachten viel. Ich dachte schon gar nicht mehr daran, da griff er nach dem Plastiksack und zauberte ein hübsch verpacktes, relativ großes Packerl auf den Tisch. »Für dich, Schatz. Alles, alles Gute zum Geburtstag«, strahlte er mich an.

»Das wäre doch nicht nötig gewesen«, sagte ich scheinheilig.

»Aber sicher! Los, mach schon auf!«

Gefühlvoll zog ich an der himmelblauen Schleife, löste vorsichtig das Klebeband ab, um ja nicht das edle Papier zu zerstören. »Sehr schön verpackt«, lobte ich anerkennend.

»Ja, ja. Jetzt mach schon auf!« Marco war fast aufgeregter als ich und konnte es selbst kaum erwarten, was da gleich zum Vorschein kommen sollte. Ich konnte es fast nicht glauben. Es war ein Duschkopf!

Besser gesagt: die Abbildung eines Duschkopfs auf einer Pappschachtel. »Tropic Dream – Duschen wie im Dschungel« stand dort in großen neongrünen Lettern.

»Und, gefällt er dir?«

Angesichts dieser Frage zerplatzte meine noch klitzekleine Hoffnung, dass diese Schachtel nur als Verpackung für einen anderen Inhalt herhalten musste.

Ich starrte auf den Karton, dann zu Marco. Der entriss mir das Geschenk wieder und packte den Duschkopf aus. »Schau, hier steht: ›Bla, bla, bla. Durch die speziellen Wasseröffnungen haben Sie das Gefühl, als würden die einzelnen Wassertropfen wie im Dschungel zuerst von Blatt zu Blatt rinnen, bevor sie Ihren Körper berühren.‹«

Ich schnaufte kurz durch und rang mir ein klitzekleines Lächeln ab: »Ja, danke.« Was anderes brachte ich einfach nicht über die Lippen. Gut, alternativ wäre gewesen: »Super, toll. Genau dieser Duschkopf ist es. Dein Gedächtnis ist wirklich der Hammer. Und dabei habe ich ihn dir doch nur einmal im Schaufenster gezeigt.«

Ab da war für mich der Abend gelaufen. Warum schenkte mir Marco so etwas? Was wollte er mir damit sagen? Ich dusche zu wenig? Wenn wir schon länger zusammen gewesen wären, hätte ich ihn bestimmt gefragt, ob er ganz dicht sei. Marco, meine ich. Aber ich traute mich nicht. Obendrein hatte er diesen überzeugten Blick in den Augen, als ob er wirklich das ultimative Geschenk für mich hatte und das wiederum erweichte mein Herz. Also, Duschschwamm drüber. Ich schraubte meinen alten Brausekopf ab, den neuen rauf und duschte ab da wie im Dschungel.

Irgendwann fragte ich Marco, warum er mir ausgerechnet einen Duschkopf geschenkt hatte. Seine pragmatische Antwort: »Du wolltest dir doch einen neuen kaufen, weil der alte total verkalkt war. Also habe ich das für dich erledigt.«

Eine Diskussion mit ihm darüber anzufangen, dass es für diese Art von Aufmerksamkeit wahrlich bessere Momente als den Geburtstag gab, hielt ich für sinnlos. Zumal ich auch nicht in die missliche Lage geraten wollte, nie wieder ein Geschenk von ihm zu bekommen.

Dann kam Weihnachten. Das erste Mal, dass ich nun auch Marco beschenken würde. Und – mir graute es jetzt schon – er ja nun auch wieder mich. Ich entschied mich für einen grauen Kuschelschal, übertreiben wollte ich es schließlich auch nicht.

Weil wir den Heiligen Abend getrennt bei unseren Familien feiern wollten, brachte Marco mir mein Geschenk vorher vorbei. Diesmal waren es zwei Päckchen. »Öffne sie aber erst unter dem Weihnachtsbaum. Versprochen?«

»Versprochen.« Ganz wohl war mir ja nicht dabei. Wer weiß, welches Haushaltsteil mich diesmal erwartete. Und ich hatte wirklich keine große Lust, vor meiner Familie eine Armatur auszupacken. Nun ja. Ich mach's kurz: Eine Armatur war's nicht. Wobei ich mir oft denke, dass das noch witzig gewesen wäre. Was aber unter dem Geraschel des weihnachtlichen Geschenkpapiers zum Vorschein kam, übertraf meine schlimmsten Vorahnungen.

Es war eine Plastiktrinkflasche.

Mir fror kurzfristig das Gesicht ein. Und das hatte sicher nichts mit der Kälte draußen zu tun.

Schlimmer als Duschkopf geht also immer. Es war eine dieser Trinkflaschen, die man zum Sport mitnimmt, sich aufs Fahrrad klemmt. Und weil es ja wirklich blöd ausschauen würde, nur eine Trinkflasche zu schenken, war im anderen Packerl das dazu passende isotonische Pulver.

Meine Schwester bekam einen Lachkrampf, alle anderen blickten mich voller Mitleid an. Das konnte doch unmöglich sein Ernst sein! Wollte er mich verarschen? Für was wurde ich bestraft?

Wenn Marco hier gewesen wäre, hätte ich ihm das Plastikteil samt Pulver an den Kopf geworfen. Freundinnen von mir bekommen Schmuck geschenkt, Kuscheltiere, irgendetwas Romantisches und Persönliches. Eine Trinkflasche war definitiv weder das eine noch das andere.

Am Heiligen Abend besinnen sich Menschen auf das Wichtige im Leben, ich suchte den Sinn hinter meinen Geschenken. Liebte Marco mich überhaupt? Was wollte er damit ausdrücken? Sonst lief unsere Beziehung doch hervorragend.

Dieses Mal sparte ich nicht mit Vorwürfen. Er beteuerte mit großen Augen, dass er sich sehr wohl Gedanken darüber machte, was er mir schenkt. Wir trainierten doch beide im Fitnesscenter, und eine Trinkflasche hatte ich noch nicht. Außerdem sagen Geschenke absolut nichts darüber aus, was er für mich empfindet. Ich war skeptisch.

Ein paar Tage später traf ich zufällig eine alte Bekannte, die vor Kurzem geheiratet hatte. Sie schwärmte mir vom Weihnachtsfest mit ihrem Mann vor, und ohne dass ich nachfragte, meinte sie: »Geschenkt haben wir uns übrigens eine Pensionsvorsorge. Jeder zahlt für den anderen ein.« Wie romantisch! In Anbetracht dessen kam mir nun Marcos Geschenk wie der Heilige Gral vor.

Als er mir aber zu meinem nächsten Geburtstag einen Spar-Duschkopf, der wie ein Mixer über einem rotiert, schenkte, setzte ich dieser Horror-Serie ein für allemal ein Ende. Seitdem schenken wir uns aus meiner Sicht das Beste überhaupt: nämlich gar nichts.

Der 7. Mann, der ein Freak ist

Verrückt nach Obst

Désirée (27), Edel-Prostituierte und Studentin, Wien, über ihre Sexerlebnisse mit einem bekannten Schauspieler (57), Wien

Als Nutte hat man es nicht leicht. Und damit meine ich nicht, dass ich jeden Tag eine Handvoll Männer vögeln muss. Wenn's nur das wäre, dann wäre es sowieso ein Traumjob. Das wirklich Harte an dem Geschäft sind die vielen Extra-Wünsche, die aber auch extra viel Geld bringen. An alle Abartigkeiten der Männer erinnere ich mich schon gar nicht mehr. Das waren einfach zu viele. Aber bei einem Erlebnis würde ich sagen: Das war mein berufliches »Highlight«.

Ich wartete auf ihn in einem langen fließenden schwarzen Abendkleid an der Bar des Luxus-Bordells. Als er dann vor mir stand, wirkte er unscheinbar, fast schüchtern. Das Gegenteil von dem charismatischen Schauspieler, den ich von der Bühne kannte. Einzig und allein sein Watschelgang, der an einen fetten Erpel erinnert, machte ihn unverkennbar.

Er grüßte nicht, sagte mit leiser Stimme nur: »Gehen wir.«

In der Luxussuite des Edel-Etablissements war genug Platz für Männerfantasien: Auf 120 Quadratmeter verteilten sich ein Whirlpool mit extra großen Düsen, ein schweres Bett aus Ebenholz mit kunstvollen Verzierungen, Vorhänge aus rotem Samt und Kästen mit Goldbeschlag. »Zieh dich bitte aus«, meinte er höflich, während er die Türe zum Zimmer der Lust verschloss. Langsam schälte ich mich aus dem Kleid. Er stand drei Meter von mir entfernt. Die Hände in den Hosentaschen.

»Auch die Unterwäsche«, flüsterte er. Schwarze Spitze, echt sexy, doch er verzog keine Miene. Wie eine Statue rührte er sich nicht vom Fleck. Trotz der angenehm warmen Temperatur im Zimmer zog er nicht einmal sein schwarzes Jackett aus.

Dann schlurfte er zu der Sofalandschaft, die mitten im Raum stand. Eine dunkelbraune Ledercouch, rechts und links davon zwei schwere Fauteuils, die mit einem Leoparden-Stoff überzogen waren. Vor dem Sofa stand ein Glastisch, darauf eine goldene Schale, prall gefüllt mit dem saftigsten Obst. Äpfel, Pfirsiche, Birnen, Weintrauen, Bananen, Papayas türmten sich darin.

Schwermütig ging mein wortkarger Kunde plötzlich in die Knie und krabbelte im Schneckentempo unter den Glastisch. Da lag er nun: auf dem Rücken, mit der Nase fast die Tischplatte berührend, wie ein umgedrehter Borkenkäfer.

»Setz dich auf den Tisch«, befahl er mir jetzt. Seine Stimme hatte nicht mehr diesen freundlichen Ton, sondern klang härter und bestimmter. Mein nackter Po presste sich auf das kalte Glas. Nun robbte er unter dem Tisch so lange vor und zurück, bis er seinen Kopf unter meiner Vagina platziert hatte.

»Steck dir...«, er überlegte kurz, »eine Banane in die Muschi.«

Gott sei Dank hat er sich für den Anfang nicht für eine Melone entschieden, war mein erster Gedanke, während ich zum ökologischen Dildo griff. Ich hob meinen Hintern leicht an – so als wenn man sich auf eine öffentliche Toilette hinhockt, um ja nicht mit der Klobrille in Berührung zu kommen – und führte die Banane langsam ein. Er stöhnte leise.

»Halt, das reicht«, röchelte er, während die Hälfte des gelben Obstes noch im Freien hing.

»Deine Muschi ist einfach ein Traum«, meinte er pathetisch und das Stöhnen unter mir wurde lauter. Ich war noch immer in der Haltung, in welcher man auf Skipisten am schnellsten ins Tal kommt, und langsam begann es in meinen Oberschenkeln schon zu brennen, da befahl der Obstliebhaber: »Die Dattel schaut schön aus.« Ich zog die Banane wieder raus. Wohin jetzt damit?

Als ob mein Bodenlieger Gedanken lesen konnte, antwortete er: »Da rein!« und seine Hand, die einen Plastikbeutel umklammerte, kam unter dem Tisch zum Vorschein. Rasch griff ich danach und ließ die Krummfrucht in den Frischhaltesack plumpsen.

Während ich die Riesendattel einführte, monologisierte der Künstler: »Muschi, öffne dich!«

»Ali Baba und die vierzig Räuber« lassen grüßen. Offensichtlich konnte er die Schauspielerei auch dann nicht außen vorlassen, wenn ihm nur ein Arsch dabei zusieht, quasi.

So ging es eine Weile, er wählte ein Obst, ich schob es rein und legte es anschließend in den Plastikbeutel. Irgendwie kam ich mir wie eine Verkäuferin am Obststand vor: Der Kunde wählt, ich wiege ab und packe ein. Zeitweise musste ich wirklich schmunzeln, so absurd war diese Situation. Mit jeder neuen Frucht wurde er erregter, meine Lust hingegen sank bald auf den Nullpunkt.

»Jetzt komm endlich!«, schrie es in meinem Kopf.

Mein Chef hatte mich vorab zwar über die Vorlieben meines Kunden informiert, doch darüber, wie viel Kilogramm Obst rein müssten, natürlich nicht. Ich hoffte nur, dass es nicht die ganze Schale sein sollte, denn sonst würde ich morgen noch dasitzen.

Aber, Gott sei Dank: Nach gut einem Dutzend Vitaminbomben war Schluss. Bei einer halben Birne ist er dann gekommen.

Langsam rappelte er sich wieder hoch, zog den Hosenschlitz zu, schnappte stumm nach dem Obstsack und watschelte, immerhin vitaler als vorher, aus dem Zimmer. Fassungslos sah ich die Tür ins Schloss fallen, stand nackt und ohne Worte da.

Er besuchte mich nie mehr.

Was er mit dem Obst gemacht hat? Keine Ahnung. Vielleicht Obstsalat.

Der 8. Mann, der ein Freak ist

Ein Esoterik-Duo auf Aufriss

Birgit (45), Hausfrau und Mutter, Frankfurt am Main, über ihre Affären mit dem Lebensberater Holger (48) und dem Klopftherapeuten Alfred (44), Frankfurt am Main

Die Esoterik. Ein unendlich weites Gebiet für spirituelle Lehren, Praktiken – und Aufrisschancen. Wenn ich länger darüber nachdenke, ist das sogar die perfekte Anmachstrategie, die der Mann von heute aus dem Ärmel zaubern kann. Denn gerade wir Frauen sind oft sehr empfänglich, wenn es um Astrologie, Kartenlegen, Reiki und dergleichen geht.

Vor einem halben Jahr war auch ich auf der Suche nach dem Sinn des Lebens. Meine beiden Töchter waren zum Studieren nach Berlin gezogen, ich war oft allein, hatte plötzlich keine Aufgabe mehr.

Mein Mann war beruflich ständig unterwegs. In meinen alten Job als Zahnarzthelferin konnte und wollte ich nicht mehr zurück. Mir war klar: Eine neue Aufgabe, ein neuer Job, was auch immer, musste her. Und wie es so oft im Leben ist, liegt das Gute doch so nah.

Meine Nachbarin schwärmte mir eines schönen Morgens von dem attraktiven Mann im ersten Stock vor, der vor Kurzem in unser Wohnhaus gezogen war. »Holger ist Masseur und Lebensberater. Eine Freundin von mir, die unschlüssig war, ob sie ihren langjährigen Partner nun verlassen sollte oder nicht, suchte Rat bei ihm. Und fand ihn auch. Jetzt ist sie neu verliebt und schwimmt auf einer Glückswelle.«

Ich war skeptisch, aber auch neugierig. Aber im Grunde genommen: Was hatte ich schon zu verlieren. Außer vielleicht ein paar Stunden an einem langweiligen Nachmittag.

Noch am selben Abend klingelte ich bei Holger. Mit einem Schwung öffnete er die Tür, und – aber hallo – meine Nachbarin hatte nicht zu viel versprochen. Er war ein Mann ganz nach meinem Geschmack: 1,85 Meter groß, braungebrannt, athletisch. Mit seinen etwas zu weißen Jacketkronen grinste er mich an. »Ja?«

Geblendet stammelte ich: »Ah, hallo. Entschuldigen Sie, dass ich so spät noch störe. Ich ... Ich bin Birgit und wohne im dritten Stock ... Sie machen Lebensberatung?« Sein Geruch war betörend. Obwohl er offensichtlich gerade vom Joggen kam, sein blaues T-Shirt war durchgeschwitzt und er trug kurze Hosen, duftete er nach nasser, frischer Wäsche.

»Lassen wir doch das förmliche ›Sie‹. Ich bin Holger. Und es stimmt. Ich lege Tarot- und Engelkarten, massiere. Alles Mögliche halt.« Er schob das T-Shirt leicht hoch und fuhr mit der Hand über seine durchtrainierten Bauchmuskeln. Nur ganz kurz blitzten sie mir entgegen, aber gerade lange genug, um mein Blut in Wallung zu bringen. Ich biss mir leicht auf die Unterlippe. Dieser Mann hatte eine unglaubliche erotische Ausstrahlung auf mich.

»Was kann ich für dich tun, Birgit?« Abrupt wurde ich aus meinem stimulierenden Gedanken gerissen. »Ich würde mir gerne mal die Karten legen lassen. Wie's beruflich weitergeht und so.«

»Ja klar, gern. Wie schaut's morgen Abend so gegen sieben bei dir aus? Soeben hat mir jemand abgesagt, und nun hätte ich Zeit.«

»Wunderbar. Dann bis morgen Abend.« Beschwingt lief ich die Treppen zu meiner Wohnung hoch. Normalerweise nehme ich immer den Lift.

Den nächsten halben Tag verbrachte ich damit, mich für Holger ästhetisch auf Vordermann zu bringen: Ich wusch mir die Haare, zupfte meine Augenbrauen formschön nach, rasierte mir die Beine, lackierte Hand- und Fußnägel. Ich war so aufgeregt wie vor einem ersten Date. Mein Outfit war ein luftiges Kleid mit großen bunten Blumen, das zwar nicht unbedingt zu meinen Lieblingssachen zählte, dafür aber ein Bomben-Dekolleté machte.

Pünktlich um sieben läutete ich bei Holger an der Tür. Er öffnete, und vor mir stand …

»Hallo, ich bin Alfred. Holgers Mitbewohner.« Hinsichtlich seiner Attraktivität konnte er auf alle Fälle mit dem Kartenleger mithalten. Er war ein Stückchen kleiner als Holger, hatte verwuscheltes mittelblondes Haar und einen sexy Fünftagebart.

»Komm doch herein.« Mir kam ein Duftschwall von Räucherstäbchen entgegen.

»Immer dem Rauch nach«, scherzte Alfred. Er deutete auf das letzte Zimmer links vom Gang, aus dem leichter Nebel schwebte. Dort angekommen, fand ich mich im Esoterik-Himmel wieder. Wie Petrus an der Himmelspforte saß Holger an einem pompösen schweren Holztisch. Das Zimmer war abgedunkelt, nur die vielen Lotuskerzen in Gelb, Orange und Rot erhellten mit einem warmen Licht den Raum. Rechts an der Wand hing ein großer gelber chinesischer Fächer mit schwarzen Schriftzeichen. In der linken Hälfte des Zimmers thronte ein rießiger Buddha aus Holz.

»Streichle seinen Bauch. Das bringt Glück«, befahl Holger mir jetzt. Etwas unmotiviert ging ich zur Statue und machte eine kurze Staubwisch-Bewegung darüber und nahm auf dem Stuhl gegenüber von Holger Platz. Der war mittlerweile schon fast gänzlich eingeräuchert.

»Einen Moment noch. Ich stimme mich gerade auf dich ein.« Ungefähr zwei Minuten verharrte er mit gesenktem Kopf und geschlossenen Augen vor mir. Allmählich setzte sich der Rauch schon auf meinen Kontaktlinsen fest. »Kann ich mal das Fenster öffnen? Mir ist das hier echt schon zu viel.«

Langsam hob Holger seinen Kopf, lächelte milde und sagte: »Selbstverständlich. Sorry, aber ich liebe dieses Zeugs einfach. Lass mich nur machen.« Er stand auf und ließ frische Luft hereinströmen. Dann setzte er sich wieder und schaute mich mit seinen blitzblauen Augen eindringlich an. »Wie kann ich dir helfen, Birgit? Welche Frage hast du an mich?« Seine Stimme klang jetzt wie die eines Mönchs beim Abendgebet.

»Hm. Ich suche einfach nach einem neuen Sinn in meinem Leben. Meine beiden Töchter wohnen seit einem Monat nicht mehr zu Hause, mein Mann ist ständig im Ausland unterwegs. Ich fühle mich so richtig einsam.« Über meine Offenheit wunderte ich mich selbst, da ich diesen Mann gar nicht kannte. Aber er hatte etwas an sich, was es mir leichtmachte, mich ihm zu öffnen. Ich hatte das Gefühl, als ob er mir bis in die Seele hinunterblicken könnte und es somit wenig Sinn machen würde, ihm etwas vorzuspielen.

»Du hast es nicht verdient, einsam zu sein, Birgit. Niemand hat das. Du bist ein wunderbarer Mensch, eine wunderbare Frau, die aus dem Vollen des Lebens schöpfen sollte. Auch für dich gibt es noch eine Aufgabe hier auf Erden.« Er legte seine Hand auf den akkuraten Stapel seiner Tarotkarten. »Ich denke aber, du bist bei mir an der falschen Adresse. Für dich ist es wichtig, deine Persönlichkeit zu stärken, wieder Selbstvertrauen aufzubauen. Die Karten können dir dabei nicht helfen.«

Jetzt war ich enttäuscht.

»Aber ich weiß jemanden, der es kann. Du hast ihn bereits kennengelernt … Alfred, kommst du mal?« Sogleich war der zweite Esoterik-Schnuckel zur Stelle.

»Alfred ist ausgebildeter Klopftherapeut. Er hat schon vielen Menschen mit seelischen und körperlichen Problemen helfen können.«

So schnell konnte ich gar nicht schauen, wie mich Alfred bei der Hand nahm und mich aus dem Tempel der Lust ins Reich des Frusts führte. Sein Zimmer erinnerte mehr an eine Gefängniszelle als an ein spirituelles Refugium. Ein heller Holztisch, darauf ein Wasserkrug mit bunten Steinen, zwei dunkelbraune Stühle, im rechten Eck eine Topfpflanze. Das war's. Alfred dürfte meinen entsetzten Gesichtsausdruck bemerkt haben, denn fast entschuldigend sagte er: »Im Gegensatz zu Holger mag ich es eher puristisch.«

»Bitte setz dich doch. Ein Glas energetisiertes Wasser?«, fragte er nun.

»Ja, gerne.«

Während er mir das Glas füllte, erklärte er: »Ich bin Klopftherapeut. Das heißt, ich beklopfe ganz bestimmte Meridianpunkte an deinem Körper, damit blockierte Energiebahnen wieder frei fließen können.«

Er nahm meine Hand. »Was beschäftigt dich zurzeit am meisten, Birgit?«

Ich errötete leicht. Seine Hände waren zart und weich, aber doch männlich. »Also, ich ... Was ich ... Ich bin einsam.« Mir schossen ein paar Tränen in die Augen.

»Gut«, sagte Alfred sanft, »dann werden wir das zuerst beklopfen.« Er ließ meine Hand los. »Steh bitte auf.«

Nur einen halben Meter voneinander entfernt, standen wir uns nun gegenüber. Nachdem er auf mein Brustbein geklopft und die Stelle oberhalb meiner Brust kreisend massiert hatte, begann er nun mit der Behandlung. Er klopfte im Gesicht und auf meinem Oberkörper herum. Dazu musste ich ständig laut »meine Einsamkeit, meine Einsamkeit« vor mir hersagen. Nach ungefähr zwanzig Minuten ließ er von mir ab: »Für das erste Mal reicht das. Wie fühlst du dich?«

»Gut.« Aber nicht wegen der Behandlung, sondern wegen seiner Berührungen. Ziemlich verständlich: Wenn man nämlich einen Mann hat, der einem höchstens mal ein Küsschen auf die Wange drückt, dann kommt einem dieses Klopfen auf den Körper schon wie ein erotisches Feuerwerk vor.

»Du solltest in ein paar Tagen nochmals kommen«, lächelte Alfred, »wir sind noch lange nicht fertig.«

Das fand ich auch. Ich wollte ihn für seine Dienste bezahlen, doch er berührte meine Hand. »Das erste Mal ist gratis. Komm in drei Tagen einfach wieder«, zwinkerte er mir zu.

Beim Hinausgehen wollte ich mich noch von Holger verabschieden, doch seine Tür war geschlossen. »Besser nicht stören. Er ist gerade beschäftigt und braucht die volle Konzentration«, wimmelte mich Alfred ab.

Die Tage bis zum nächsten Klopftermin verbrachte ich in einem Hochgefühl. Lag das an Alfred, an seiner Technik oder an beidem? Egal! So gut fühlte ich mich schon lange nicht mehr.

Bei unserem zweiten Treffen war nicht nur das Wasser im Krug energetisiert, auch mein sexuelles Verlangen schwappte fast über vor Kraft. Als Alfred zu klopfen begann, blickte ich zielgerichtet auf seinen Oberkörper. Er trug ein weißes, ziemlich tief aufgeknöpftes Hemd, sodass seine perfekt getrimmten Brusthaare zum Vorschein kamen.

Er klopfte unbeirrt weiter. Über dem Auge, unter dem Auge und dann auf meiner Brustwarze.

»Oh, abgerutscht! Hier ist eigentlich kein Meridianpunkt«, meinte er schelmisch. Jedem anderen Mann hätte ich jetzt eine geknallt, aber unter Alfreds Händen wurde ich zu Butter. »Vielleicht aber doch«, säuselte ich eine Tonlage tiefer und drückte die gesamte Innenseite seiner Hand auf meine rechte Brust.

Wir küssten uns stürmisch, und ehe ich mich's versah, hatte sich Alfred auch schon seines Hemds entledigt und knöpfte nun meine Bluse auf.

»Was, hier?«, fragte ich ihn entsetzt.

»Ja, gleich auf dem Tisch«, keuchte er, während er nun meine Meridianpunkte nicht mehr abklopfte, sondern abküsste. Ich stieß ihn weg. »Lass uns zu mir hochgehen.«

Er schnappte sich sein Hemd, eilte aus dem Zimmer. Ich hinterher, im Laufschritt die Bluse zuknöpfend. Wir wollten gerade die Wohnung verlassen, als plötzlich Holger und Sieglinde vom zweiten Stock aus der Küche kamen. Er hatte nur ein Handtuch um die Hüften gewickelt, sie trug einen Bademantel. Alfred oben ohne, ich mit halboffener Bluse. So standen wir uns gegenüber. Schock bei allen vieren. Alfred murmelte: »Mist!« Sieglinde schritt mit hochrotem Kopf an mir vorbei und verschwand in Holgers Zimmer. Dem wiederum fiel keine bessere Ausrede ein als: »Wir hatten gerade eine Energie-Massage.«

Ich fühlte mich ertappt, unwohl. Andererseits war ich aber auch scharf auf Alfred. Trotz all meiner Bedenken wegen meiner Ehe war die Lust schließlich stärker.

Wir hatten animalischen Sex, ich fühlte mich gut, begehrt, wie schon lange nicht mehr. Alfred gab mir das Gefühl, einzigartig und wunderschön zu sein.

Von da an sahen wir uns einmal in der Woche. Er kam immer zu mir, außer er beklopfte mich. Das tat er dann in seinem WG-Zimmer. Berufliches und Privates muss man ja schließlich trennen. Wenn ich ihm wöchentlich die siebzig Euro für die Behandlungen in die Hand drückte, kam es mir immer irgendwie vor, als ob ich ihn für seine Bettakrobatik entlohnte. Denn die half mir ehrlich gesagt gegen meine Einsamkeit mehr als das Beklopftwerden. Insgesamt war's eine perfekte spirituelle Affäre. Wir redeten viel, ich hatte Vertrauen zu ihm, konnte mich einfach fallen lassen, der Sex brachte mich in nie gekannte kosmische Sphären. Ein Mann, der es verstand, Frauen in allen Lebenslagen glücklich zu machen. Nur bei einer Sache bat er mich, für ihn Verständnis aufzubringen: Ich sollte über unsere Affäre einen Vorhang des Stillschweigens legen, also wirklich niemandem, nicht einmal meiner besten Freundin, etwas davon erzählen. Schließlich beklopfe er einige Damen aus dem Haus, und dann hätte es sich mit seinem seriösen Ruf als Therapeut ausgeklopft. Dabei hätte ich gern ein bisschen vor meinen Freundinnen mit Alfred angegeben. Und was meine Ehe betraf: Es wäre mir egal gewesen, wenn mein Seitensprung aufgeflogen wäre. Stillschweigen war auch das

Motto meiner Nachbarin Sieglinde. Wenn wir uns begegneten, grüßten wir einander zwar, wechselten aber sonst kein Wort. Keine von uns wollte die peinliche Situation im Vorzimmer ansprechen. Auch Alfred nicht. Weder direkte Fragen wie »Sind Sieglinde und Holger zusammen?« noch schlau eingeworfene Fangfragen wie »Massiert Holger Sieglinde noch?« brachen seine Verschwiegenheit. Als Standard-Antwort diente die Ausrede: »Therapeutengeheimnis.«

Es war an einem Dienstag. Ich hatte zwar eine Klopf-Stunde bei Alfred, aber mehr Lust auf Sex. Da er nicht an sein Handy ging, lief ich zu ihm runter. Die Wohnungstüre war einen Spalt geöffnet. Ohne zu läuten, drückte ich die Türe auf und betrat den Flur. Ich schritt ihn entlang und vernahm plötzlich eine leise Frauenstimme, die kurze Worte stöhnte. Angespannt ging ich weiter. Je näher ich Alfreds Zimmer kam, desto lauter wurde das rhythmische Gekeuche. Wie in Zeitlupe drückte ich den Türgriff hinunter und öffnete die Tür zu Alfreds Therapieraum. Statt des Holztisches sprang mir nun Alfreds behaarter Hintern ins Gesicht, der sich zu ihren Worten »Mein Schwindel, mein Schwindel …« rhythmisch an ihrem Hintern vor und zurück bewegte. Tja, so kann man die Behandlungssätze auch einhämmern.

»Du Mistkerl«, schrie ich. Erst jetzt bemerkten mich die beiden und drehten sich entsetzt um.

»Isabella?« Ich blickte in ein bekanntes Gesicht. Die Dame unter ihm wohnte auch unter mir. Verheiratet, Mutter von zweijährigen Zwillingen und offenbar mit Gleichgewichtsstörungen kämpfend. In Windeseile schnappte sie sich den hautfarbenen Slip, der am Boden lag, zog ihn an und ließ ihr rot-blaues Blümchenkleid, das sie unter dem Busen zusammengeknüllt hatte, wieder über ihren Unterkörper fallen. Sie wollte schleunigst den Raum verlassen, doch ich hielt sie am Oberarm fest. »Wie lange geht das mit euch beiden schon?« Ich schaute abwechselnd zu ihr und Alfred.

»Schläfst du auch mit Birgit?«, warf Isabella nun irritiert ein. Sie schüttelte meine Hand ab und richtete einen wütenden Blick auf Alfred. Der zog sich die Hosen wieder hoch und zuckte nur mit den Schultern. Was hätte er auch großartig sagen sollen.

Auch Sieglinde mutmaßte nun, dass Holger in dieser Richtung nicht minder aktiv war. Ob es Faulheit oder Dummheit der beiden war, sich als Aufreiß-Gebiet ein einziges Wohnhaus auszusuchen, ist mir heute noch unklar.

Klar war aber, dass wir drei Frauen unseren spirituellen Aktivisten ein Ultimatum stellten: Entweder sie zögen innerhalb eines Monats aus, oder wir würden Anzeige erstatten. Für welche Variante sie sich entschieden, dafür muss man kein Hellseher sein. Das Gute an der Sache war: Danach habe ich es endlich geschafft, mich freizuklopfen. Von Ehe und Einsamkeit.

Der 9. Mann, der ein Freak ist

Zweimal im Jahr ist Waschtag!

Nadine (30), Volksschullehrerin, Kärnten,
über ihr Date mit
Waldemar (50), Volksschuldirektor, Wien

Er sah aus wie ein Kuschelbär. Die Arme leicht speckig, wie bei einem gut gefütterten Baby, für einen Mann viel zu kleine Füße und ein rundes Gesicht, das durch den Vollbart noch rundlicher wirkte, hellbraune Knopfaugen und ein gutmütiges Lächeln, das nicht enden wollte. Ein Mann zum Gernhaben. Am liebsten hätte ich ihn aufgefressen, so berührte er mein Herz, als ich ihm begegnete. Doch der Anstand und auch die Situation erlaubten es nicht.

Er war Volksschuldirektor und ich die neue Lehrerin, die sich bei ihm vorstellte. Ich hatte meine alte Stelle wegen meiner extrem cholerischen Chefin gekündigt und freute mich nun auf ein Arbeiten ohne finstere Donnerwolken an der Schule von Waldemar.

Eine wahrlich angenehme Zeit begann. Mein Direktor war entspannt, meine Kollegen waren entspannt, selbst die Kinder waren im Verhältnis zu anderen Schulklassen entspannt. Ich fühlte mich beruflich angekommen und kostete jede einzelne Stunde, die ich an der Schule verbrachte, aus. Das hatte auch damit zu tun, dass ich mich Tag für Tag mehr zu Waldemar hingezogen fühlte. Weniger durch sein Aussehen, nein, das war es nicht. Es war einfach die Art, wie er mit den Kindern umging. Er war sanft, gerecht, nie entwich ihm ein lautes Wort. Seltsam war nur sein

Verhalten Frauen gegenüber. Da wurde *er* schlagartig zum Kind. Unbeholfen scharrte er im Zwiegespräch wie ein Pony mit seinen kleinen Füßen am Boden herum und durchbohrte mit seinen Blicken eher die Wand hinter sich als seine Gesprächspartnerin. Zu seinem Unbehagen war er – außer dem Schulwart – der einzige Mann unter zwanzig Lehrerinnen. Die reinste Folter für ihn waren die unumgänglichen Elternsprechtage, wo hauptsächlich Mütter sich nach den schulischen Leistungen ihrer Sprösslinge erkundigten. Jedes Gespräch ließ ihn um ein paar Tage altern, und seine Stirn war übersät von Schweißperlen, was wiederum den Papiertaschentuch-Verbrauch im Waschraum ins Unermessliche steigen ließ.

Unter meinen Kolleginnen war Waldemar das Tuschelthema Nummer eins. Er war nicht verheiratet. Freundin, Kinder: Fehlanzeige. Keine konnte auch nur erahnen, welches Geheimnis sich hinter »Waldi« verbarg.

Kein Geheimnis war seine Vorliebe für Fencheltee, den er jeden Tag frisch zubereitet in einer alten Thermoskanne, von der schon der Lack absplitterte, mitbrachte, und Schnittlauchbrote mit extra viel Butter. Dieses einfache Mahl gönnte er sich immer um die Mittagszeit. Ritualisiert zog er sich in seine Direktorenkammer zurück und ließ sich sein Essen schmecken.

Nach drei Monaten entsprang dann aus seinem Mund der Satz, der mich sofort wieder in meine Volksschulzeit zurückversetzte: »Willst du die Hälfte davon abhaben?« Waldemar streckte mir zwei Brotscheiben, die aufeinander klebten und auf einer Alufolie lagen, entgegen. »Der Schnittlauch kommt aus meinem eigenen Garten«, sagte er, nach Anerkennung heischend. Nach und nach wuchsen kleine Schweißperlen auf seiner Stirn und wurden zu beachtlichen Tropfen.

»Äh. Ja, gerne«, antwortete ich überrascht. Da saßen wir nun: jeder auf einer Seite seines Direktorentisches und verspeisten spiegelgleich das Schnittlauchbrot. Wir tauschten uns zum ersten

Mal über private Dinge aus. Anders gesagt: Ich redete, und er hörte mir interessiert zu.

Als ich Tamara und Eveline, zwei Lehrerinnen, mit denen ich mich angefreundet hatte, von der Kammer des Direktors erzählte, konnten sie es kaum glauben.

»Dir ist doch hoffentlich bewusst, dass dies einem Ritterschlag gleichkommt. Waldemar hat wirklich noch nie – und du weißt, dass ich zeitgleich mit ihm den Dienst in dieser Schule angetreten habe – mit jemandem und schon gar keinem weiblichen Wesen sein Essen geteilt.« Schmunzelnd nickte Tamara und suchte Bestätigung bei Eveline, die sofort amüsiert einwarf: »Ganz klar. Er steht auf dich. Und wir dachten schon, er wäre ein asexuelles Wesen. Frag ihn doch, ob er mit dir essen geht.« Beide Frauen nickten wegen ihrer überragenden Idee erfreut.

Warum nicht? Heutzutage kann man lange warten, bis ein Mann die Initiative ergreift, und irgendetwas an Waldemar faszinierte mich. Ich tat also das, was ich normalerweise nie, nie tue. Ich fragte ihn, ob er Freitagabend mit mir ausgehen würde. Überrascht, aber erfreut, mit ein paar Schweißperlen auf der Stirn, willigte mein Direktor ein. Ganz vom alten Schlag bestand er darauf, mich abzuholen.

Pünktlich um halb acht läutete er an meiner Wohnungstür. In einem dunkelbraunen Cordanzug, der seinen Teddybären-Charme noch mehr hervorkehrte, stand er mit einem Schnittlauchstrauß vor mir.

»Jetzt kannst du dir deine eigenen Jausenbrote schmieren«, versuchte er in einer verschämten Art, witzig zu sein. Die Röte und der Schweiß überschatteten wieder sein Gesicht.

Er hatte ein Bio-Restaurant ausgesucht, wo die Karotten noch nach Karotten schmeckten und man als Aperitif verdünnten Apfelessig mit Honig und einer Zitronenscheibe serviert bekam. Je später der Abend wurde, desto lockerer wurde auch Waldemar. Für mich nicht überraschend, denn sauer macht ja bekanntlich lustig, und Waldemar hatte bereits fünf Gläser von dem Apfelessig in sich hineingeschüttet. Auf wundersame Weise ließ auch seine Schweißproduktion nach. Er fühlte sich sichtlich wohl mit mir, und mir ging's genauso.

Als wir wieder im Auto saßen und er den Zündschlüssel umdrehte, hielt er inne und schaute mich eindringlich an. »Bevor ich dich nach Hause bringe, möchte ich dir etwas zeigen, was zuvor noch nie eine Frau gesehen hat.«

Mir wurde warm.

»Meine Snoopy-Sammlung!« Sein ganzer Körper zitterte vor Aufregung.

»Ich lieeeebe, lieeeebe Snoopys«, amüsiert bewegte ich meine Augenbrauen, gepaart mit dem erotischsten Blick, den ich in dem Moment zusammenbrachte, auf und ab. Waldemar schaute mich nur verwirrt an. Sein Knusperhäuschen im Grünen war warm und gemütlich. Viel Holz, innen und außen, tannengrüne Vorhänge schmückten die Fenster, und ein offener Kamin, der noch leicht loderte, knisterte an der Wand.

»Wie wär's mit einem Fencheltee, bevor ich dir meine Sammlung zeige?«, fragte Waldemar, während er schon das Wasser aufstellte.

»Gerne.« Ich setzte mich auf die Eckbank neben dem Kamin.

Während Waldemar in die zwei Tassen liebevoll je einen Teelöffel Honig gab, dachte ich mir: »Es wäre doch schön, jeden Tag so umsorgt zu werden.« Schmachtend blickte ich in seine sanften Augen, als er das heiße Teewasser an den Tisch brachte. Wunderbar süß, so schmeckte der Tee, und ich wurde auf seltsame Weise aphrodisiert. Waldemar hörte nicht auf zu rühren. Er rührte und rührte, bis sich in seiner Tasse ein Strudel bildete. Ich stoppte seine Hand mit meiner und blickte ihm tief in die Augen. »Zeigst du mir jetzt deine Snoopy-Sammlung?«

»Unbedingt!« Überschwänglich sprang Waldemar von seinem weichen Polstersitz auf, nahm mich bei der Hand und führte mich die Treppen hinauf in sein Schlafzimmer.

Als wir vor seinem Bett standen, wurde es mir deutlich vor Augen geführt: Männer sollte man doch beim Wort nehmen. Das mit der »Snoopy-Sammlung zeigen« stand bei ihm nicht als origineller Ersatz für »Willst du meine Briefmarkensammlung sehen«. Die knallharte Wirklichkeit türmte sich vor mir auf. Unzählige Snoopys tummelten sich auf des Direktors Doppelbett. Kleine Snoopys, große Snoopys, Snoopys, die in farbenprächtigen T-Shirts steckten, Snoopys mit Weihnachtsmannmützen, Snoopys, die sich an ein Kuschelherz klammerten.

Oh, m-ei-n Gott! Auf welchem Friedhof der Kuscheltiere war ich da gelandet?

Mit einer kindlichen Freude hob Waldemar nun vorsichtig Hund für Hund aus dem Bett, streichelte liebevoll über ihre Köpfchen und erzählte mir, wie sie den Weg in sein Knusperhäuschen gefunden hatten.

»Schau, Nadine. Das ist mein jüngstes Findelkind.« Er hielt mir den Snoopy so nah vor die Augen, dass ich ihn doppelt sah. »Ich habe es im Internet ersteigert. Dieses Tierchen ist schon ein paar Jahre alt, ein bisschen abgewetzt und ausgebleicht. Der Vorbesitzer hat es sicherlich nicht gut behandelt.« Waldemar sprach über das Stofftier so, als ob er gerade einen lebendigen Beagle-Hund aus dem Tierheim gerettet hätte. Ich wollte nur noch eins – raus hier.

»Tolstois *Krieg und Frieden* ist sein Lieblingsbuch«, unterbrach Waldemar meine Fluchtgedanken und setzte Snoopy zurück aufs Bett.

»Was?« Ich hörte gar nicht mehr richtig hin.

»Na, Snoopys Lieblingsbuch – *Krieg und Frieden.*«

Raus hier!

»Es wird Zeit für mich und meine Kinder.« Behutsam schnappte er sich nun, beginnend vom Kopfkissen, einen Snoopy nach dem anderen und reihte sie am Boden um das Bett auf.

»Was tust du da?«, fragte ich.

»Ich brauche ja Platz zum Schlafen. Nur einer hat immer die Ehre, mit mir das Bett zu teilen.« Er nahm Snoopy den Akademiker, bekleidet mit Talar und Barett, vom rechten Bettende, gab ihm einen Kuss auf die Schnauze und legte ihn auf sein Kopfkissen.

»Du räumst Abend für Abend die Snoopys vom Bett?«

»Ja. Und am Morgen, nach dem Durchlüften, schichte ich alle wieder zurück.«

»Okaaaay, ich gehe jetzt. Bis morgen in der Schule dann.« Kopfnickend und mit starren Augen, als ob ich seine irre Welt verstünde, bewegte ich mich raus.

»Warte – ich fahr dich.« Waldemar unterbrach seinen Umschichtungsprozess.

»Nicht nötig. Ich ruf mir ein Taxi.«

Ich atmete tief die klare, frische Luft der Nacht ein und ging ein paar Schritte zu Fuß.

Am nächsten Tag war alles so wie immer. So, als ob diese Nacht nur in meinem Kopf existierte. Waldemar rief unser Beisammensein mit keiner Silbe in mein Gedächtnis zurück und bat mich aber auch nicht – Gott sei Dank – um ein zweites Date.

Mir war nicht klar, was er an dem Abend von mir wollte. Suchte er vielleicht nur jemanden, der auf seine Hunde aufpasste, wenn er in den Urlaub fuhr? Denn zum Wäschewaschen hatte er nämlich schon unseren Schulwart eingeteilt.

Kurz vor Weihnachten stand auf dem Tisch im Lehrerzimmer eine Schachtel mit Jacken, Mänteln und Kappen. Ich rätselte und rätselte. Von woher kannte ich bloß diese Sachen?

Da kam unser Schulwart herein und riss mir den Karton unter der Nase weg.

»Was ist das?«, fragte ich.

»Das sind die Anziehsachen vom Direktor. Also nicht von ihm, sondern von seinen Snoopys. Ich wasche sie zweimal im Jahr. Zu Ostern und eben jetzt zu Weihnachten.«

Als ich Waldemar darauf ansprach, wie er sich denn merken konnte, welches Outfit zu welchem Snoopy gehört, meinte er, schockiert über diese Frage: »Ich kenne doch all meine Kinder!«

Das sollte er bei *Wetten, dass …?* einreichen!

Der 10. Mann, der ein Freak ist

Wolfgang im Stellungsstress

*Helena (38), Immobilien-Maklerin, Zürich,
über ihre Beziehung mit
Wolfgang (42), Ingenieur, Zürich*

Als ob man zwei geschälte Gurken aneinanderreibt, so fühlt es sich an, wenn der Mann, der horizontal an deiner Haut klebt, am ganzen Körper enthaart ist. Eine komplett neue Erfahrung für mich, da ich vorher nur Männer im Bett hatte, die zumindest teilweise ein bisserl was vom Affen hatten. Also entweder Kahlschlag auf der Brust, dafür spross es ungezähmt an Armen und Beinen. Oder eben im Intimbereich war es glatt rasiert, was bei besonders dichtem Körperfell wie kreisrunder Haarausfall leuchtete. Kennengelernt hatte ich auch die umgekehrte Variante, wo der Schwanz unter dichtem Haarmoos begraben war.

Eigentlich kann ich gar nicht sagen, was davon meine erste Wahl ist. Hauptsache, der Typ wäscht sich.

Als Wolfgang und ich ein Paar wurden, zwang er alle meine Freundinnen mit seiner Schönheit in die Knie. Er war ein Mann, der durch seine Optik leuchtete, groß, durchtrainiert, meergrüne Augen und eine Haut wie braunes Leder. Er briet gerne im Solarium, obwohl er das ja immer bestritt. Seine Bräune käme vom Bergsteigen, wollte er mir weismachen. Nur leider lief mir die passende Ausrüstung in seiner Wohnung, wo ich immer die Wochenenden verbrachte, nie über den Weg.

Die meiste Zeit assistierte ich Wolfgang dort bei seiner Körperhygiene. Das wurde zu unserem ganz persönlichen Ritual. *Stunden* gingen am Vormittag dafür drauf. Allein für die Ganzkörperrasur benötigte er 45 Minuten, inklusive einer Dose Rasierschaum und mit anschließendem Auflegen von hautberuhigenden Pflegetüchern. Dann rief er mich. Mit der Pinzette zog ich ihm das dicke schwarze Haar, das aus einem Muttermal am Rücken wuchs, aus.

Als Nächstes stand Arschrasieren auf dem Programm. Ja, richtig gehört! Aber sogar der war an Formvollendung nicht zu überbieten und irgendwie machte mich das auch geil. Wolfgang lag dazu wie ein glitschiger gestrandeter Wal auf dem Bauch in der Badewanne, und ich rückte mit dem Ladyshaver dem oberen Drittel seines Hinterns zu Leibe. Er rappelte sich in die Hundestellung hoch, und ich bearbeitete den Rest und – tja – auch die Spalte. Dazu zog er mit seinen Händen die Arschhälften auseinander, damit ich präzise rasieren konnte, mit der rechten Gesichtshälfte stützte er sich am Wannenboden ab. Seine Eier und der Schwanz baumelten lustig hin und her.

Beim Sex war er ebenfalls sehr auf Ästhetik bedacht. Dass auch ich kein Haar zu viel hatte und mich regelmäßig dem Brazil Waxing unterzog, hatte er an dieser Stelle ausgiebig und genüsslich goutiert. Ich glaube sogar, dass er insgeheim ein bisserl neidisch auf mich war, dass ich mit Wachsen zu stoppelfreier Zone kam, er sich aber mit Rasieren begnügen musste. Einmal hat er versucht, mit meinen Kaltwachsstreifen gegen Damenbärtchen ein paar Sackhaare zu entfernen. Wie gesagt: einmal und nie wieder.

Während des Aktes war er stets darauf bedacht, eine gute Figur abzugeben. Die Schiebetüren seines mächtigen Kleiderschranks waren große Spiegel und standen dem Bett gegenüber. In der allseits beliebten Hündchenstellung sprang mir sein Narzissmus zum ersten Mal ins Gesicht. Genau in dem Moment, wo mein Spiegelbild mich aus Versehen anstöhnte, tat es Wolfgangs auch.

Während des Fickens korrigierte er seine Haltung. Er grub seinen – eh kaum vorhandenen – Bauch tief in die Körperhöhle ein und kniff die Pobacken fest zusammen. Mit dieser

Statuenhaftigkeit turnte er weiter. Für ihn war Sex nicht einfach nur Sex, sondern Zirkeltraining. Mir war's recht, solange ich zum Höhepunkt kam. In dreißig Minuten durchlebten wir ein schweißtreibendes Programm mit durchschnittlich zehn Stellungswechseln: angefangen von der Missionarsstellung, über die Reiterstellung, bis hin zur Löffel- und Schubkarre-Stellung. Nicht selten beklagten sich meine Muskeln am Tag darauf über einen ordentlichen Kater. Aber: Man erspart sich so auf jeden Fall das Fitnessprogramm.

Unter meinen Freundinnen handelte sich mein ausdauernder Sex-Arzt den Spitznamen »Porno-Wolfe« ein. Er konnte immer, überall und ständig und war dafür stets perfekt präpariert. Neben einem leichten Tages-Make-up fürs Gesicht malte er auch seinen Körper in Sonnenbraun an, um so bläuliche Adern an den Beinen und Pickelchen auf der Brust zu kaschieren. Die Laken sahen danach aus, als ob darauf ein Schwein mit bronzefarbenem Blut geschlachtet worden wäre.

Wir waren zwei Monate zusammen, als Wolfgang nach seinem vormittäglichen Ritual bei Kaffee, weichgekochten Eiern und Marmeladenbrot meinte: »Lass uns doch heute eine DVD anschauen.« Hm, ich wurde stutzig. Normalerweise stand jetzt unser Fitnessprogramm an. Und jetzt das? War seine Lust etwa schon dahin? Ich irrte mich. Im Gegenteil. Eine Liebeserklärung entsprang seinem Mund: »So etwas habe ich noch keiner Frau gesagt. Aber seit ich dich kenne, Helena, muss ich im Büro nicht mehr so oft wichsen.«

Ich fühlte mich geschmeichelt. Das ist doch *der* Satz, den jede Frau nach einmonatiger Beziehung hören will.

»Wenn das so ist, wirst du das ab jetzt wieder öfters tun«, meinte ich gelassen und stand auf. An seinen eigenartigen Charakter hatte ich mich ja schon gewöhnt, aber diese Aussage war einfach nur noch daneben. Meine Miene verfinsterte sich und versprach nichts Gutes. Das entging auch Wolfgang nicht, und er stammelte reumütig: »A-a-aber das habe ich doch ... Das war als Kompliment ... Bitte geh nicht. Mit dir bin ich dem sexuellen Olymp doch so verdammt nahe. Wir harmonieren perfekt. Tut mir leid, Schatz. Das waren einfach unüberlegte Worte. Bitte bleib hier!« Mit geballten Fäusten hielt er mich an meinem Bademantelgürtel fest. Ich musste grinsen. Als er sich meiner wieder sicher fühlte, ließ er locker und stakste zum DVD-Player.

Wolfgang legte einen Film ein, spulte mit der Fernbedienung ein Stück vor und drückte dann auf »Play«. Als er sich neben mich setzte, hatte die blonde Sexbombe am Bildschirm einen Schwanz im Mund.

»Also, Sissi, die junge Kaiserin, ist es schon einmal nicht!«, bemerkte ich und wähnte mich im wahrsten Sinne des Wortes im falschen Film.

Wolfgang starrte krampfhaft auf den Schirm, sodass sich seine Stirn in viele Falten legte.

»Brauchen wir das jetzt schon zum Antörnen?« Ich zog meine Augenbrauen hoch und warf »Porno-Wolfe« einen fragenden Blick zu.

Seine Augen streiften mich kurz, waren dann aber sofort wieder bei dem Pornofilm. »Nicht doch! Das ist nur als Anschauungsmaterial gedacht – damit wir uns verbessern.«

»Bist du mit unserem Sex denn unzufrieden?«

»Überhaupt nicht. Aber optimieren kann man ja immer.« Wolfgang sprang auf, segelte regelrecht zum Fernseher und zeigte mit dem Finger auf das rechte Knie der silikonbusigen Superblondine, die jetzt mit umgedrehter Reiterstellung auf dem braun gegrillten Bodybuilder-Typen saß und mit unbequem weit gespreizten Beinen seinen schönen hellrosa Schwanz vögelte.

»Super wäre es, wenn du bei dieser Stellung die Beine so weit auseinanderspreizen würdest. Siehst du! Und – hör bitte genau hin, wie sie das ›Fuck my pussy‹ artikuliert. So könntest du das doch auch sagen. Englisch klingt im Bett sowieso viel stimmiger.«

»Ich glaube, bei dir stimmt einiges nicht. Willst du mich verarschen?« Ein Frösteln wanderte über meine Haut und ich zog den Bademantel, der am Busen auseinandergeklafft war, fest zusammen.

Er überhörte mich in seiner Pornotrance und warf nach dieser Einführung in Windeseile eine neue DVD ein.

Wie viele Sexfilme hatte der Mann eigentlich? Ich ging zur geöffneten Lade und begutachtete seine umfangreiche Sammlung. Die Titel auf den Hüllen waren nicht zu erkennen, weil Wolfgang jeden Film mit Etiketten für Marmeladengläser überklebt hatte. Statt »Alarm im Darm« stand nun dort »5.10: Blowjob« oder »17.9: Im Stehen«.

»Was soll das?«, wunderte ich mich.

»Na ja. Ich hab mir aus jedem Porno die besten Stellungsszenen rausgepickt. Die Zahl davor ist die Minutenangabe, wann eben was passiert. So muss ich nicht lange suchen.«

Da lief auch schon der nächste Filmausschnitt und ich weiß nicht, ob es an der Szene oder am duftenden Wolfgang – mein Gott, roch der immer gut – lag, aber gemeinsam fernsehen war doch erotisierend.

So setzten wir nach drei Filmen die Theorie in die Praxis um. Mir kam's vor, als ob ich mit einem Regisseur im Bett war. Ständig gab mir »Porno-Wolfe« irgendwelche Regieanweisungen. »Streck den Hintern nicht so weit raus« oder: »Der Stellungswechsel vom Liegen zum Stehen muss schneller gehen. Wiederholen wir das noch mal.«

Im Stehen wollte er, dass ich ein Bein so wie bei der Arabesque im Ballett nach hinten strecke und mich dabei mit einem Unterarm am Bett abstütze. Lange konnte ich diese Stellung natürlich nicht halten. Ich fing an zu zittern und kippte fast zur Seite. Als wir »12.5: Umgedrehte Reiterin« probierten, wollte er nach 1,2 Minuten, dass ich meinen Oberkörper auf seinen Oberkörper nach hinten lehnte.

»Au, Scheiße.« Auch das noch! Ein Krampf im Rücken. Mühsam rappelte ich mich wieder hoch. Mir und meiner Libido reichte es. Für mich gab's jetzt nur noch einen Stellungswechsel, und der war: Ab ins Auto. Alleine fuhr ich nach Hause.

Ich bin ja echt nicht prüde und für sexuelle Spielarten offen, aber diese Form von Sex war richtiggehend Arbeit. Am Tag danach hatte ich im ganzen Körper Muskelkater. Sogar an Stellen, wo ich vorher nicht wusste, dass ich dort überhaupt Muskeln besaß. Was ich auch nicht wusste: War dieser Mann überhaupt der Richtige? Gut, er sah in allen Lebenslagen fantastisch aus, der Sex war es – bis auf den letzten Ausrutscher – auch. Genügte mir das? Für den Anfang – ja!

Eine Woche später wollte ich Wolfgang wiedersehen. Er öffnete mir im Bademantel und mit einem Bier in der Hand die Tür. »Das musst du dir anschauen, Helena. Der Himmel sei gepriesen! Ich habe endlich die ästhetischste Variante für Sex im Sessel gefunden.« Aufgeregt schob er mich ins Wohnzimmer und zog mir dabei die Jacke aus.

»Stopp, Wolfgang! Deine sexuelle Offenheit in allen Ehren. Porno-Sex ab und zu ist ja okay. Aber ich habe echt keine Lust, immer nach Lehrplan zu vögeln.«

Wolfgangs Mundwinkel sackten augenblicklich nach unten. Stille umgab ihn. Nach einiger Zeit meinte er schließlich: »Einverstanden. Heute stellst du die Regeln auf. Dafür musst du mir aber einen kleinen Gefallen tun.« Nicht sonderlich begeistert, willigte ich ein. »Ein Kompromiss ist zwar was anderes, aber okay: Was ist das für ein Gefallen?«

Mein Porno-Arzt nahm mich an der Hand und führte mich ins Badezimmer. Er ging zum Allibert, holte eine weiße Tube heraus und drückte sie mir in die Hand. Fragend sah ich ihn an. Als Antwort ließ er den Bademantel zu Boden fallen und stand nun, wie Gott ihn schuf, vor mir. Andächtig drehte er sich um, beugte sich nach vorn und zog mit den Händen seine Pobacken auseinander.

»Bitte sei so nett und schmiere die Creme auf die dunkle Haut um den After.«

»Wie bitte? Geht's noch? Los, dreh dich sofort um!« Wolfgang reagierte nicht.

»Los, dreh dich sofort um! Ich habe keine Lust, mit deinem Arsch zu reden!«

Widerwillig ließ er seinen Hintern los, drehte sich leicht verärgert um, und seine Augen blitzten mich nun aus einem scharlachroten Gesicht an.

»Ich warte«, sagte ich ungeduldig und deutete auf die Tube.

»Damit kann man die dunkler pigmentierte Haut im Analbereich bleichen«, klärte mich Wolfgang kleinlaut auf.

»Warum, um Gottes willen, willst du das machen?«

»Das schaut einfach ästhetischer aus. Pornodarsteller machen das ja auch.«

»Aber du bist *kein* Pornodarsteller!!!«

»Ja, ich weiß. Aber könntest du nicht trotzdem? Ich seh ja da hinten so schlecht.« Seine Verzweiflung in den Augen ließ mich das tun, was ich normalerweise nicht einmal bei einem Baby von Freunden tun würde: Ich schmierte ihm den Hintern ein. Genauer gesagt: die dunkle Haut um den After. Allerdings war sie bei ihm eher braun-weiß gefleckt – wie die exklusiven Guylian-Meeresfrüchte-Pralinen. Ein präzises Auftragen war alleine offenbar nicht möglich.

Das war dann auch das letzte Mal, dass ich »Porno-Wolfe« irgendetwas eingecremt oder abrasiert hatte. Und eins ist sicher: In meine Annalen kommt das Anal-Bleaching auf Platz eins der absurdesten Männererlebnisse.

Der 11. Mann, der ein Freak ist

Stockbetten finden nicht nur Kinder toll!

Kathi (34), Psychologin, Hannover,
über ihr Erlebnis mit
Hugo (21), Arbeitsloser, Hannover

Wenn es etwas gibt, das ich von One-Night-Stands – egal ob sie gut oder schlecht waren – gelernt habe, dann ist es Folgendes: Praktiziere sie nur in einer dir vertrauten Umgebung. Denn man weiß schließlich nie, was einen woanders erwartet.

Hugo war Arbeitsloser und belegte bei mir einen Kurs als Pflegehelfer. Er saß immer in der ersten Reihe und fiel mir vor allem durch seinen monotonen Kleidungsstil auf. Stets in einer grünen ausgebleichten Camouflage-Hose, kombiniert mit einer grasgrünen Baseball-Kappe.

Mit seinem stieren Blick machte er mich nervös. Er fixierte mich mit seinen tief liegenden Augen ununterbrochen während des gesamten Unterrichts und hing wie besessen an meinen Lippen. Trotzdem oder gerade deswegen hatte er etwas Verbotenes und Geheimnisvolles an sich, das mich magisch anzog. Doch er war mein Schüler und somit tabu für mich.

Nach dem Ende des Kurses – ungefähr zwei Wochen später – sah ich Hugo in einer Diskothek wieder. Als er mich erspähte, kam er zielgerichtet auf mich zu und fragte, ob er mir einen Drink spendieren dürfte.

Er flirtete, als ob es kein Morgen mehr gäbe, und sagte nach unserem zweiten Wodka-Martini mit rauer, verwegener Stimme: »Lass uns rausgehen, meine Schöne!«

Kaum waren wir aus der betörend hitzig-schwülen Luft in die nüchterne Kälte der klaren Nacht geschlüpft, drückte mich mein Don Juan an die Wand und küsste mich. Diese ungestüme jugendliche Leidenschaft versetzte mich sofort in Ekstase. »Gehen wir zu mir«, hauchte ich ihm ins Ohr.

»Aber ich wohne gleich um die Ecke«, keuchte er, fasste mich an der Taille und zog mich um den Häuserblock. Wir stiegen die Treppen zu seiner Wohnung hoch. Der Putz bröckelte bereits von den Wänden, zerknülltes Papier lag am Boden, und es roch nach einer Mischung aus kaltem Zigarettenrauch und warmer Nudelsuppe.

Hugo sperrte mit einem alten verrosteten Schlüssel – wie für große eiserne Tore – die Tür zu seiner Wohnung auf. Das Licht war schummrig, mit einem leichten Rotstich. Ein leicht zerrupfter Schäferhund kam schwanzwedelnd auf uns zugerannt. »Das ist Kyra«, sagte Hugo und streichelte das Tier. »Bier vielleicht?«

»Klar«, antwortete ich.

Hugo schlurfte Richtung Küche, ich geradeaus und befand mich nun offenbar in seinem Schlafzimmer. An der rechten Wand stand ein Stockbett, oder so etwas in der Art. Denn das untere Bett war nicht zu sehen, da ringsum eine lückenlose Holzverkleidung genagelt war.

Der ungefähr 15 Quadratmeter große Raum war schwach ausgeleuchtet. Es gab kein Licht an der Decke, nur eine kleine Stehlampe in der rechten Ecke flackerte unruhig. Mal gab sie für ein paar Sekunden ein schwaches Licht ab, dann war es für einen kurzen Moment wieder stockdunkel im Raum. Als ich einen Fuß in das Zimmer setzte, schrie der alte Holzboden unter mir laut auf. Wahrscheinlich, weil er lieblos gelegt worden war. Zwischen langen, breiten, morschen Brettern ruhten Keile aus hellerem, neuem Holz.

Erst jetzt bemerkte ich an der linken Wand ein schmales Sofa, auf dem hell gestreiftes Bettzeug lag.

Das Seltsamste an dem Raum waren aber die Geräusche, die ihn erfüllten. Es war so, als ob ständig, ohne Pause, eine U-Bahn unter dem Zimmer vorbeirauschen würde.

Etwas Kaltes berührte meine Wange. Hugo presste die Bierflasche an mein Gesicht und dann seine Lippen auf meine. Als er kurz von mir abließ, fragte ich ihn: »Hast du Kondome bei dir?«

»Äh, ich glaub schon.« Er wackelte zum Stockbett, stellte sich auf die Zehenspitzen und fuhr mit der Hand unter die Matratze. Ein langatmiger Seufzer entwich ihm. »Die müssen doch hier irgendwo sein.«

Fahrig griff er den Lattenrost ab. Ich umarmte ihn von hinten, da wurde dieses eigenartige Surren im Raum plötzlich intensiver, und ich sah, dass in dem Holzkasten eine kleine Türe eingebaut war. »Was ist da drin, und was ist das überhaupt für ein Geräusch?«, fragte ich Hugo neugierig, der noch immer mit der Kondomsuche beschäftigt war.

»Ach, damit verdiene ich nebenbei ein bisschen Geld«, meinte er lapidar.

Jetzt wurde ich erst recht Feuer und Flamme. »Lass mich doch mal reinschauen.«

»Okay«, sagte er, ohne zu zögern, »aber du musst mir versprechen, dass du niemandem davon erzählst.«

»Versprochen.« Ich kreuzte den Zeige- und den Mittelfinger vor seiner Nase.

Das genügte ihm als Vertrauensbeweis, er rüttelte kurz an der Tür und ließ mich in sein Allerheiligstes blicken. Was sich dann vor mir offenbarte, war aber alles andere als heilig. Denn unter Mithilfe von einem Ventilator und UV-Bestrahlung blühte und gedieh darin eine Hanfplantage.

»Dir ist doch wohl klar, dass das illegal ist, was du da tust«, belehrte ich ihn.

»Damit versorge ich eh nur meine Bekannten. Von Hartz IV kann doch wirklich kein Mensch leben«, rechtfertigte sich Hugo.

»Verstehe. Hanf statt Hartz. Seh ich vollkommen ein, dass du damit besser über die Runden kommst.« Kopfschüttelnd schnappte ich meine Tasche vom Boden und marschierte aus dem Zimmer.

»Schläfst du heute Nacht nicht hier?«, winselte Hugo mir hinterher. Ich drehte mich um, schlenderte sanft wie ein Kätzchen auf ihn zu und gab ihm einen Kuss auf die Stirn. »Danke für das Angebot. Aber ich steh nicht so auf Männer mit einem grünen Daumen.«

Der 12. Mann, der ein Freak ist

EHE NACH REGELN

Gabriela (46), Pharmazeutin, Wien,
über ihre Ehe mit
Albin (47), Physiker, Wien

Alles begann wie im Märchen. Ich bin damals zum Studieren von Frankfurt nach Wien gezogen und begegnete Albin das erste Mal in der Universitätsbibliothek. Er half dort stundenweise aus, und ich lieh etwas bei ihm aus. Als er mich mit seinem Gesicht, auf dem viele, viele Sommersprossen tanzten, spitzbübisch angrinste, war es um mich geschehen. Er verliebte sich, wie er mir später erzählte, in die Handbewegung, mit der ich immer meine dicke schwarze Hornbrille auf dem Nasenrücken zurechtrückte.

Ein Feuerwerk des Begehrens, eine Explosion der Gefühle, mein Leben kam mir seit unserer Begegnung vor, als wäre es mit einer rosaroten Zuckerglasur überzogen. Alles ging auf einmal um so vieles leichter als vorher. Spielend beendeten wir beide unser Studium, nach dem ersten Job folgte der Heiratsantrag. Auf einer weitläufigen Wiese hatte er aus Tausenden Rosenblättern ein riesiges Herz geformt, ging vor mir auf die Knie und fragte mich, ob ich seine Frau werden wolle.

Statt des Herzens wuchs hier bald unser kleines Reich, und in meinem Bauch wuchsen zwei Kinder heran. Als sie vier und zwei Jahre alt waren, wollte ich wieder halbtags arbeiten gehen. Einfach ein bisserl mehr unter Erwachsenen sein, andere Gespräche führen, mich mit Beipackzetteln statt mit Windeln beschäftigen.

Doch mit meinem Wunsch stieß ich bei Albin auf taube Ohren. Er war eisern dagegen, dass sich um unsere Kinder fremde Personen kümmern, auch wenn's nur für einen halben Tag sei. Außerdem verdiene er ja nun wirklich genug für uns alle.

Es war das erste Mal überhaupt, dass wir nicht einer Meinung waren. Diese Idee, dass eine Mutter bei den Kindern bleiben soll, war so in seinem Kopf verankert, dass es mir beinahe Angst machte. Jegliche Einwände meinerseits perlten wie Wassertropfen an Fensterscheiben bei ihm ab, er blieb stur und unnachgiebig. Ein kalter Schauer lief über meinen Körper. Es war so, als ob mir ein vollkommen fremder Mensch gegenüberstand. In dieser Nacht fand ich keinen Schlaf. Meine Gedanken kreisten ständig um diesen Charakterzug an ihm, den ich nie zuvor kennengelernt hatte.

»Ich hoffe doch sehr, dass nun alles geklärt ist und unser Leben wieder in gewohnten Bahnen abläuft«, sagte Albin am Morgen beim Frühstück trocken. Ich sagte nichts, ich blickte nur stumm vor mich hin. Meine Kehle war wie zugeschnürt. Kaum war die Tür hinter ihm zugefallen, rief ich meine Mutter und Freundinnen an, um mich auszusprechen. »Sei froh, dass du nicht arbeiten musst ... genieße noch ein paar Jahre das Daheimbleiben ... rede noch mal mit ihm, vielleicht hatte er nur einen schlechten Tag ... er hat doch recht, in den ersten Lebensjahren ist die Mutter für die Kinder besonders wichtig ... hab Nachsicht mit ihm, er ist halt ein Ösi«, wurde ich von allen Seiten beruhigt, aufgemuntert und gestärkt. Mit diesem Rückhalt warf ich unsere Ehe nicht einfach über Bord, sondern beobachtete erst mal das weitere Geschehen.

Eine Woche nach Albins unbegreiflicher Demaskierung wollte ich mit einer Freundin ins Kino. Ich bat die Mutter meines Mannes, für ein paar Stunden auf unsere Kinder aufzupassen. Voller Vorfreude auf einen entspannten Abend stand ich im Badezimmer und tuschte mir die Wimpern, da schneite Albin herein. »Wie lange bleibst du?«, fragte er mit einem arroganten Unterton.

»Wieso?«, antwortete ich zickig, während ich etwas Rouge auf meine Wangen stäubte. »Keine Sorge. Ich bin spätestens um ein Uhr wieder da.«

»*Nein*, du bist *spätestens* um Mitternacht wieder zu Hause!« Ich konnte nicht glauben, welche Worte gerade aus seinem Mund flossen.

»Wie war das jetzt? Ich habe mich wohl verhört«, empörte ich mich.

»Du bist spätestens um Mitternacht wieder daheim«, sagte Albin jetzt süffisant.

»Tickst du noch richtig? Was ist auf einmal los mit dir?«

»Was soll mit mir sein? Ich möchte doch nur, dass meine Frau um Mitternacht wieder das Haus betritt.«

»Weißt du was, Albin. Sag das doch meiner Wimpernzange. Ich gehe jetzt.«

Um mich aufzuhalten, lehnte er sich entspannt in den Türrahmen und sagte amüsiert: »Aber Schatz. Du wirst doch nicht schon wieder vertragsbrüchig werden?«

»Bitte? Wovon redest du?« Ich war genervt, ziemlich in Eile und konnte mich nicht entscheiden, welche Schuhe ich denn nun zu meinem Outfit wählen sollte. Ich drehte mich mit den wildledernen Stiefeletten, dann mit den schwarzen Lackpumps vorm Spiegel, da wedelte er plötzlich mit Papierblättern vor meiner Nase herum.

»Na, unser Ehevertrag, *Schatz*«, trompetete Albin, der nun die zusammengehefteten Seiten starr vor meine Nase hielt.

»Ehevertrag? Was für ein Ehevertrag?«

»Den du damals unterschrieben hast. Und …« Er blätterte hoheitsvoll in seinem Skript, »auf Seite drei, Paragraf zwölf steht: ›Meiner Frau ist es gestattet, einmal im Monat den Abend ohne mich und außer Haus zu verbringen. Sie darf sich in dieser Zeit mit einer oder mehreren Freundinnen treffen. Rückkehr von ihrem Ausgang ist spätestens 24 Uhr.‹«

»Ist heute der 1. April?« Ich gab dem Ganzen keine Bedeutung und zwängte meine Füße in Ballerinas. »Siehst du, dass ich lache?«, erwiderte Albin herrisch, mit einem leicht verärgerten Klang in der Stimme. Ich sah ihn an. Langsam stieg von den Zehenspitzen eine eisige Kälte an meinem Körper hoch. Ab dem Bauch gesellte sich Übelkeit dazu. Wie in Zeitlupe zog ich die Blätter aus Albins Fingern. Auf der ersten Seite stand: »Ehevertrag«, dazu unsere Namen und ein Datum von vor fünf Jahren, sechs Monate vor unserer Heirat. Trotz Schminke wurde ich kreidebleich.

»Nie, *nie* im Leben habe ich einen Ehevertrag unterschrieben«, brüllte ich. Mir wurde schwindlig, und als ich die erste Seite überflog, legte sich ein Schleier auf meine Augen. Ich rannte aufs Klo und kotzte die Enttäuschung aus mir heraus. Insgeheim hoffte ich, dass das alles nur ein böser Traum sei und ich endlich, endlich daraus erwachte. Doch die Realität hockte neben mir. Albin streichelte mit seiner Hand über meinen Kopf, wie bei einem Hascherl: »Ich rufe Isabella an und sage ihr in deinem Namen ab. Mit Kino wird das wohl heute nichts mehr.« Am liebsten hätte ich ihm einen ordentlichen Tritt verpasst, doch ich war zu schwach dafür. Meine Glieder lagen wie Stoff am Boden.

Als wäre mein Herz aus Stein, rappelte ich mich hoch, spritzte mir kaltes Wasser ins Gesicht und schleppte mich in das Esszimmer, wo Albin aufrecht am Küchentisch saß. Vor ihm der Vertrag, rechts ein Wasserglas, gefüllt mit Scotch. Wie ein Sack ließ ich mich ihm gegenüber auf den Sessel fallen, strich meine Haare zurück und zog den Vertrag zu mir. Was vorher verschwommen war, stand jetzt glasklar vor meinen Augen. 14 Paragrafen bildeten meine ehelichen Vorschriften.

§ 1 Meine Frau verpflichtet sich, mir ein gemütliches Heim zu schaffen. Dazu zählen sämtliche Beschaffungen von Wohnaccessoires von A wie Aschenbecher bis Z wie Zierkissen.

§ 2 Nur in einem sauberen Heim kann sich die Familie harmonisch entfalten. Meine Frau hat deshalb stets für ein blitzblankes Haus zu sorgen. Dazu zählen das tägliche Staubsaugen sowie das

Putzen der Badezimmer und Toiletten. Das oberflächliche Abstauben genügt einmal wöchentlich. Zweimal im Jahr müssen die Fenster geputzt werden. Sollte meine Frau mit den Arbeiten nicht zurande kommen, ist ihr gestattet, sich eine Putzfrau zu nehmen.

§ 3 Meine Frau verpflichtet sich, täglich ein warmes Abendessen zuzubereiten. Dabei ist besonders auf eine gesunde, ausgewogene und abwechslungsreiche Ernährung zu achten. Sollte meine Frau, aufgrund ihrer Ausgeherlaubnis einmal im Monat, keine Zeit zum Kochen haben, darf sie mir an diesem Abend auch eine kalte Jause servieren.

§ 4 Meine Frau hat dafür zu sorgen, dass der Kühlschrank immer gut gefüllt ist. Besonderes Augenmerk ist auf den Camembert zu richten, der für mich stets verzehrbereit lagern muss.

§ 5 Schmutzige Wäsche ist innerhalb von drei Tagen zu waschen und muss dann wieder gebügelt im Schrank hängen. Vor allem hat meine Frau darauf zu achten, dass ich immer ausreichend saubere Unterwäsche in der Wäschelade vorfinde.

§ 6 Nach der Hochzeit ist meine Frau verpflichtet, mir zwei Kinder zu gebären. Vorzugsweise einen Buben und ein Mädel.

§ 7 Meine Frau ist verpflichtet, mindestens zweimal in der Woche Geschlechtsverkehr mit mir auszuüben.

§ 8 Meine Frau ist zur ergebenen Treue verpflichtet. Seitensprünge sind absolut verboten und bringen neben einer Scheidung auch den Sorgerechtsentzug mit sich.

§ 9 Meine Frau hat sich, auch während der Hausarbeit, immer angemessen zu kleiden und sich ein dezentes Tages-Make-up aufzulegen. Das Tragen von Jogginghosen, außer beim Sport, ist strengstens verboten.

§ 10 Um ihre Figur zu behalten, ist meine Frau zu dreimaligem Laufen in der Woche à 45 Minuten verpflichtet. Ausgenommen sind die Schwangerschaftszeiten.

§ 11 Wenn wir ausgehen, muss meine Frau einen Minirock tragen. Wenn sie jedoch mit den Freundinnen fortgeht, sind ausschließlich lange Hosen in gedeckten Farben anzuziehen.

§ 12 Meiner Frau ist es gestattet, einmal im Monat den Abend ohne mich und außer Haus zu verbringen. Sie darf sich in dieser Zeit mit einer oder mehreren Freundinnen treffen. Rückkehr von ihrem Ausgang ist spätestens 24 Uhr.

§ 13 Meiner Frau ist es strengstens untersagt, außer Haus zu schlafen. Einzige Ausnahme: wenn wir gemeinsam im Urlaub sind oder wir gemeinsam bei Freunden übernachten.

§ 14 Haushalt und die Erziehung unserer Kinder ist bis zu deren 18. Lebensjahr die oberste Priorität meiner Frau. In diesem Zeitraum ist es ihr nicht gestattet, einer beruflichen Tätigkeit, welcher Art auch immer, nachzugehen.

Die letzte Seite dieses absurden Ehevertrags besiegelte die Unterschrift von Albin und – das war doch nicht möglich! – *mir*?

»Wie kommt mein Name da hin«, schrie ich meinen irren, vollkommen wahnsinnig gewordenen Ehemann an. »Wie zum Teufel kommt meine Unterschrift da hin?«

Albin blieb ruhig, machte einen langen Lidschlag und hob nur die Schultern. »Mit einem Kugelschreiber und deiner Hand.« – »Erklär mir, warum ich diesen Sklavenvertrag unterschreiben hätte sollen! Da müsste ich doch völlig grenzdebil gewesen sein«, brüllte ich und brüllte.

Obwohl es in meinem Kopf hämmerte, dämmerte es mir nach und nach. »Wo ist der Hausvertrag? Wo ist der Vertrag für unser Haus?« Als ob ein Wespenschwarm hinter mir her wäre, sprang ich vom Sessel auf und rannte in Albins Arbeitszimmer. Von oben beginnend riss ich die Schreibtischladen auf und durchwühlte die einzelnen Fächer. »Hör auf zu suchen.« Seelenruhig streckte mir Albin den Hausvertrag, den wir beide vor fünf Jahren unterschrieben hatten, entgegen. Ich schlug die letzte Seite mit so einer Wucht auf, dass ich beinahe das Papier zerfetzt hätte. Da! Meine Unterschrift. »Wo ist die zweite Ausführung, wo ist die zweite Ausführung!«, donnerte ich weiter.

»Es gibt keine zweite Ausführung.« Er deutete auf den Ehevertrag, den ich somit unwissentlich unterschrieben hatte.

»Du bist das *größte* Arschloch, das mir je untergekommen ist. Ich will die Scheidung!«

Wie in Trance ging ich aus dem Zimmer und rollte mich auf meinem Bett zusammen. Bäche von Tränen flossen über mein Gesicht. Ich heulte und heulte, auf meinem Kopfkissen bildeten sich Pfützen.

»Das mit der Scheidung würde ich mir an deiner Stelle gründlich überlegen.« Verschwommen sah ich, wie Albin sich mit einem schwarzen dicken Buch vor mir aufbaute. »Ich habe nämlich jede deiner Eheverfehlungen genauestens dokumentiert. Ein Beispiel gefällig? Am 17. Juli vor vier Jahren war mein Lieblingscamembert nicht im Kühlschrank. Oder vom 28. bis zum 30. Oktober vor zwei Jahren: Da bist du drei Tage nur in Jogginghosen herumgelaufen. Wenn ich mir das so recht überlege«, ich hörte, wie er die Seiten umschlug, »gab's fast jeden Tag etwas zu bemängeln.«

Jedes Wort von ihm peitschte sich in meine Ohren. »*Hör auf, hör auf, hör auf!*« Ich konnte den Klang seiner Stimme nicht mehr hören, den selbstgefälligen Ausdruck in seinem Gesicht nicht mehr sehen. Er bemerkte meine Erschöpftheit und Kraftlosigkeit und verließ das Zimmer.

In einem Ozean aus Tränen schlief ich ein. Am nächsten Morgen, Albin war schon weg, pochte mein Kopf, als ob ich Unmengen von Alkohol in mich geschüttet hätte. Ich wankte in die Küche, um Kaffee zu machen. Die Kinder schliefen noch, auch Albins Mutter. Sie hatte sich gestern während des Streits mit ihren Enkeln in den ersten Stock zurückgezogen. Als mir der Duft von frischem Kaffee in die Nase stieg, sah ich das Buch meiner »Eheverfehlungen« auf dem Tisch liegen. Albin hatte wohl vergessen, es wegzuräumen.

Seite für Seite blätterte ich den dicken Wälzer durch. Fast jeder Tag unserer Ehe war darin dokumentiert. Ich erfuhr, dass ich vor zwei Jahren drei Wochen keinen Sex mit ihm hatte, da ja bald darauf unser Sohn Elia zur Welt kam. So gesehen hatte ich den Paragrafen sechs, nach dem ich ihm zwei Kinder gebären solle, zur Gänze erfüllt. Der Kaffee schmeckte plötzlich tragischkomisch. Ohne diesen kranken Hintergrund wäre das Buch ein schönes Familientagebuch. Welche Frau kann schon von ihrem Mann behaupten, dass er sich so mit seiner Ehe auseinandersetzt?

Auf der Seite mit dem letzten Eintrag klemmte ein Familienfoto, auf dem wir alle vier strahlten. Tränen schossen mir wieder in die Augen.

Einen Monat später war die Scheidung durch. Sie verlief genauso schön wie unsere Hochzeit. Albin ging auf all meine Forderungen ein, machte keinerlei Probleme. Im Gegenzug verschwieg ich seinen modernen Sklavenvertrag und die kriminelle Beschaffung meiner Unterschrift. Der Richter hätte ihn wahrscheinlich als geisteskrank eingestuft und ihm zur Psychotherapie geraten. Das habe ich dann getan, als mir mein Exmann erklärte, dass das alles doch nur ein Hobby und zur persönlichen Belustigung gewesen sei. Ich lach mich heut noch tot.

Der 13. Mann, der ein Freak ist

Die unendlichen Weiten des Männerhirns

Alinda (20), Pädagogikstudentin, Salzburg, über ihre Beziehung mit Gregor (23), Betriebswirtschaftsstudent, Salzburg

Captain Spock wankte auf mich zu. Mit akkuratem Topfdeckel-Haarschnitt und einem Grinsen, das sich bis zu seinen spitzen Ohren hinzog, gab er mir einen Drink aus und sah sich von da an veranlasst, den ganzen Abend an mir zu kleben, so wie das verschwitzte hautenge blaue Shirt an seinem Körper.

Zum Fasching, meiner persönlich schlimmsten Zeit im Jahr, lernte ich Gregor kennen. Eigentlich hätte mir das Vorwarnung genug sein können, denn ich hasse es, mich zu verkleiden. Dass ich nun mit jemandem zusammen bin, der Masken und Umhänge liebt, wäre für mich aushaltbar, wenn er seine Leidenschaft einmal im Jahr befriedigen würde. Doch Gregor praktizierte das Überstreifen fremder Haut wöchentlich.

Wir waren drei Monate zusammen, da fragte er mich, ob er am nächsten Abend seine Männerrunde in meine Wohnung verlegen dürfe. »Männerrunde« war freilich etwas opulent für diese Gruppierung, vielmehr handelt es sich dabei um ein Ründchen, bestehend aus Gregors besten Freunden Andi und Hansi und eben ihm. Normalerweise treffen sich die drei Männer jeden Donnerstag in Gregors Wohnung, denn er hatte die größte und gemütlichste von allen. Doch sein Studien-Mitbewohner feierte eine Party, und die drei wollten unter sich und ungestört, für was auch immer, bleiben.

»Selbstverständlich könnt ihr euch in meiner Wohnung treffen. Ich geh währenddessen einfach mit meiner Freundin etwas trinken«, sagte ich verständnisvoll und auch schon neugierig, denn schließlich hatte ich Gregors Freunde noch nie zu Gesicht bekommen.

Am nächsten Abend klingelte es auf die Minute genau an meiner Haustüre. Ich nahm den Hörer von der Gegensprechanlage und drückte auf den Türöffner. »Kommt rauf.« Wildes Gelächter fuhr durch den Hörer in meine Ohren. Ich öffnete die Wohnungstür und ließ sie gleich angelehnt. Als ich mich auf die Treppe meiner Maisonette setzte, um mir die Stiefel anzuziehen, eilten tiefe, durcheinanderredende Männerstimmen schon ihren Schritten voraus. Die Türe wurde aufgezogen, und vor meinen Augen bauten sich drei Gestalten auf: Obelix, Skywalker und Captain Spock. Den kannte ich ja schon.

»Das ist ja wohl nicht euer Ernst«, prustete ich los, und ein Lachanfall zischte durch meinen ganzen Körper.

»Hallo, ich bin Andi.« Obelix gab mir die Hand, die leicht schwitzig war. Er trug eine extragroße blau-weiß gestreifte Gallier-Hose, die um den Bauch mit Volumen-Vlies gefüttert war. Um einen felsenfesten Sitz zu gewährleisten, wurde dieses Ungetüm unter den Brustwarzen von einem braunen Ledergürtel festgehalten. Wirklich zum Schreien komisch, denn oberhalb des Hosenbunds ragten nur noch Andis spargeldürre Arme raus. Den Kopf zierte ein Wikinger-Helm mit praktisch integrierten roten überschulterlangen Zöpfen.

Skywalker Hansi, der Jedi-Ritter, leuchtete komplett in Weiß-Beige. Eine Tunika aus grobem Leinenstoff, die von einem Ledergürtel mit Taschen zusammengehalten wurde, beherrschte sein Outfit. Seine Füße steckten in Ugg-Boots, die mit ledernen Gamaschen umwickelt waren. Das neonblaue Lichtschwert, das unmotiviert zur Seite hing, war ausgeschaltet.

Spock Gregors Auftritt bestach hingegen eher durch seine Schlichtheit, nur seine verwuschelten Haare waren züchtig nach vorne geklatscht, sodass die überdimensionalen Spitzohren besonders gut zur Geltung kamen. Er gab mir einen Kuss, und auch als seine Lippen schon auf meinen hingen, konnte ich nicht aufhören zu lachen.

»Was spielt ihr denn? ›Vater-Mutter-Kind‹?«, amüsierte ich mich weiter.

»Hat dir Gregor nicht erzählt, was jeden Donnerstag bei uns so abgeht?«, fragte Andi verwundert dazwischen.

»Neiiiiiin. Und ehrlich gesagt, will ich's auch gar nicht so genau wissen. Viel Spaß, bei was auch immer.« Lachend schnappte ich mir meine Jacke und zog die Tür hinter mir zu.

Etwas verspätet tauchte ich bei meiner Freundin Sarah im Kaffeehaus auf.

»Willst du denn echt nicht wissen, was die in deiner Wohnung jetzt so treiben? Das ist doch echt abgefahren!« Sarah hatte feuchte Augen vom Lachen.

»Ja, klar doch! Aber ich wollte dir den Spaß nicht vorenthalten. Das müssen wir uns gemeinsam anschauen.« Eilig winkte ich den Kellner zum Zahlen heran.

Aufgeregt und voller Vorfreude standen Sarah und ich eine halbe Stunde später wieder vor meiner Wohnungstür. Uns öffnete nun Spock in Unterhosen die Tür. Sarah und ich sahen uns an, und aus unseren Augen flossen Bäche vor Lachen. »Wo sind deine Hosen geblieben, Gregor«, brachte ich gerade noch heraus.

»Das sind doch die Spielregeln.« Captain Spock war leicht genervt. »Was machst du überhaupt schon hier?«

»Wir gehen eh gleich wieder. Aber bitte, bitte erklär mir zuerst, was das hier soll.«

Widerwillig watschelte Gregor nun vor mir her in die Küche, die Unterhose schlabberte an seinem Hintern.

In der kurzen Zeit meiner Abwesenheit hatte sich mein Essbereich in eine Striptease-Zone verwandelt. Skywalkers Männlichkeit wurde nur noch von Unterhosen, Ugg-Boots und Leuchtstab bedeckt. Und Captain Spock war ja bis auf seine Latexohren auch fast nackt. Nur Obelix saß noch in kompletter Montur am Tisch.

»Wir spielen Strip-Poker. Wetteinsatz sind jeweils Teile unserer Kostüme. Der Verlierer sitzt zum Schluss dann fast nackt da«, erklärte Gregor kurz und bündig. Ich suchte den Raum nach harten Getränken ab, doch außer sechs Flaschen Bier konnte ich keine bewusstseinsvernebelnden Substanzen ausfindig machen.

»Dann bitte seid so gut und legt ein Handtuch zwischen euren Hintern und meine Stühle«, war der einzige Kommentar, der mir dazu einfiel.

»Braucht ihr vielleicht noch eine Biene Maja?«, fragte hingegen Sarah scherzhaft an, und Hansi reagierte nicht einmal abgeneigt. Andi hingegen unterband sein Befürworten noch im selben Atemzug: »Insekten und Frauen haben dabei nichts verloren.«

Diesen Abend hat übrigens Obelix gewonnen, und Spock musste blankziehen. Danach habe ich Gregor mal gefragt: »Bitte sag mir nur eins: *Wieso?*« Auf seine Antwort warte ich noch heute.

Der 14. Mann, der ein Freak ist

MUTTERSÖHNCHEN

Natascha (44), Schneiderin, Kärnten, über ihre Affäre mit Michael (39), Trafikant, Kärnten*

Früher, als man sich entweder zu Fuß oder in Kutschen fortbewegte, mussten paarungsfreudige Dorfbewohner die umliegende Nachbarschaft nach einem Kopulationspartner abgrasen. Man hatte schließlich keine andere Wahl, so ganz ohne Auto. Ich besitze zwar eins, komme aber trotzdem selten aus meinem Dorf heraus. Als alleinerziehende Mutter von einer vierjährigen Tochter und mit einem Job, den ich von zu Hause aus erledige, blieb mir nichts anderes übrig, als mir den am passabelsten aussehenden Nachbarsjungen zu schnappen. Die Wahl fiel auf Michael, örtlicher Kioskbesitzer und noch immer bei Mama und Papa wohnend. Nach einer Schmuserei in der Dorfdisco wollte ich mehr von ihm. Er auch von mir, allerdings nur bei ihm zu Hause. Wie ein Teenager schlich ich mich auf leisen Sohlen die Treppen zu Michaels Wohnung hoch. Er dagegen stampfte neben mir so fest ins Holz, als ob er unbedingt Abdrücke auf den Stufen verewigen wollte. »Pst! Du weckst noch deine Eltern auf«, zischte ich ihm leise zu.

»Und wenn schon«, antwortete er völlig achtlos.

Nach der Nacht kam der Tag und mit ihm eine Frauenstimme in das Schlafzimmer. »Guten Morgen! Aufwachen, meine Schlafmütze.« Die Schwere der Dunkelheit drückte noch auf meine

* *Tabakladenbetreiber*

Augen, da hörte ich schon das Aufziehen der Vorhänge, und mein Schlaf wurde endgültig durch grelles Tageslicht unterbrochen.

»Oh, du hast Besuch. Hallo, ich bin Michaels Mutter.« Eine dickliche Gestalt mit breiten Hüften, von der ich nur die Umrisse sah, kam zum Bett gewatschelt und schüttelte meinen schlaffen Arm, der aus dem Bett hing. Irritiert zog ich ihn wieder unter die Decke und rollte mich auf den Rücken.

»Wollen Sie Kaffee oder Tee?«, fragte die Gestalt, während sie ein Tablett abstellte, vollgeräumt mit einem Brotkörberl, kleinen Butterstücken, die appetitlich auf einem weißen Teller sternförmig angerichtet waren, und drei verschiedenfarbigen Marmeladen in Glasschälchen. Es war so, als ob ich in einem 4-Sterne-Hotel genächtigt hätte und mir nun die Bedienung das Frühstück servierte.

»Äh, Kaffee bitte«, sagte ich peinlich berührt, während ich mir noch die letzte Müdigkeit aus den Augen rieb.

»Gerne, kommt sofort.« Hurtig schritt die Mutter aus dem Zimmer. »Sag mal, wirst du jeden Morgen so geweckt?«, fragte ich Michael, der gerade aufstand, sich kurz an der rechten Arschbacke kratzte und Richtung Bad ging. Dort drehte er sich um. »Wie *so*?«

»Na, mit so einem Service. Ich meine, bringt deine Mutter dir öfter das Frühstück ans Bett?«

»Ja, klar! Jeden Tag!«

Das Wasser von der Dusche prasselte nieder, da stand die Serviererin schon wieder mit dem nächsten Tablett vor meinem Bett. Schnell zog ich die Decke bis unter die Achseln hoch, um meinen nackten Busen zu verdecken, und setzte mich auf. »Das wäre doch echt nicht nötig gewesen. Vielen Dank auch.« Verlegen strich ich meine Haare hinter die Ohren.

»Einen guten Appetit wünsch ich«, sagte die Mutter, und mit einem Lächeln, das einbetoniert und gekünstelt wirkte, verließ sie wieder den Raum.

Mit einem Handtuch um die Hüften, erschien nun Michael, nahm einen kurzen Schluck aus seiner Kaffeetasse und ging zu dem Holzstuhl, in der linken Ecke gegenüber dem Bett stand. Die Stuhllehne bedeckte ein fein säuberlich und faltenfrei gebügeltes hellblaues Hemd. Über die Sitzfläche war eine hellgraue, leichte Stoffhose geschlagen, darauf lagen schwarze Socken und eine zusammengefaltete Unterhose aus Baumwollripp. Michael ließ das Handtuch zu Boden fallen, wollte gerade ein Bein in die Unterhose stecken, als er die Schlafzimmertür öffnete und brüllte. »Ach, Mutter! Wann wirst du endlich kapieren, dass ich unter einer hellen Hose keine schwarzen Unterhosen tragen kann, verdammt noch mal!« Kaum war dieser Satz gesprochen, fuchtelte schon eine Hand mit weißer Wäsche im Türspalt herum, Michael schnappte zu.

»Mütter, Mütter«, seufzte er kopfschüttelnd, während er in das Baumwollteil schlüpfte.

Ich strich mir ein Erdbeermarmeladenbrot und beobachtete ihn beim Anziehen. »Du wirst doch wohl nicht sagen, dass dir deine Mutter am Vorabend immer deine Anziehsachen hinlegt.« Amüsiert biss ich in mein Brötchen.

»Selbstverständlich! Dieses Ritual haben wir schon ewig. Deshalb haben wir auch eine so enge Mutter-und-Sohn-Beziehung«, sagte er voller Überzeugung.

Ein Irrer, dachte ich und war in dem Moment auch erleichtert, dass er gestern Abend nicht einen flotten Dreier mit der Mutter vorgeschlagen hatte. Der Sex mit ihm war in Anbetracht des sich nun herausstellenden Defizits nämlich gut. Aber wer weiß, was da alles noch zutage kommen würde. Ich beschloss deshalb, das Ganze als bizarren One-Night-Stand abzuhaken.

Als ich aus der Dusche stieg, war Michael schon weg.

Nach einer gemeinsamen Nacht lassen manche Männer ein paar nette Worte auf einem Post-it zurück, Michael tat das durch die Mutter. »Mein Sohn hat gesagt, dass es sehr schön mit Ihnen war und er Sie gerne wiedersehen möchte. Wie wär's gleich heute Mittag? Kommen Sie doch zum Essen vorbei«, ließ er mir durch seine Mutter ausrichten, als ich mich von ihr verabschiedete.

»Ich weiß nicht so recht«, stammelte ich und hatte gleich die ultimative Ausrede parat. »Außerdem muss ich Philippa, meine kleine Tochter, versorgen.«

»Bringen Sie sie doch einfach mit. Ich bin übrigens Uschi«, bot sie mir händeschüttelnd das ›Du‹ an.

Verblüfft und völlig überrumpelt fand kein Wort mehr aus meinem Mund, ich konnte nur mit dem Kopf nicken. Daheim telefonierte ich meine Notfall-Babysitter durch, doch keiner hatte Zeit. Mir blieb nichts anderes übrig, als Philippa mitzunehmen.

Stumm saßen Uschi, ihr Mann Walter, meine Tochter und ich um den runden Esstisch, den eine grauenhafte gehäkelte winterweiße Tischdecke zierte, darauf dampfte ein großer Gulascheintopf. Diese Totenstille erschütterten schwere Stampfschritte, die näher und näher kamen. Uschis Gesicht erstrahlte: »Michael ist da!« Sie schnellte vom Stuhl hoch, und kaum trat Michael über die Schwelle, fiel sie ihm um den Hals, als ob ihr Sohn seit Jahrzehnten verschollen gewesen wäre und nun endlich heimkehrte. »Hier, Mama, ich habe dir wieder die neueste *Gala* mitgebracht.«

»Ist er nicht ein Traumsohn?« Uschi kniff in seine Wangen, und ihre Augen hofften auf ein zustimmendes Kopfnicken meinerseits. Die Wangen zu einem Lächeln hochgezogen, nickte ich also.

Michael stolzierte auf mich zu, gab mir einen Kuss auf den Mund und tätschelte Philippa mit einem»Na du« das Gesicht.

Dann folgte die Essensverteilung. Logischerweise befüllte Uschi erst Michaels Teller mit dem Gulasch, dann kam das Fußvolk dran. »Nur das feinste, magerste Rindfleisch für meinen Michi«, sagte Uschi triumphierend, während sie die Teller vollschöpfte.

Vater Walter saß die ganze Zeit regungslos da. Er sprach kein Wort, öffnete nur den Mund, wenn er sich den Suppenlöffel reinschob.

»Hast du vielleicht Käsebrote oder Obst hier? Meine Tochter mag nämlich kein Fleisch«, fragte ich Uschi. Etwas genervt schlurfte sie zum Kühlschrank und streckte ihren Kopf in die Fächer. »Weintrauben, Weintrauben sind da.«

»Das klingt gut, vielen Dank.« Ich stand auf und wollte das Obst waschen, aber Uschi fegte mich mit einer Handbewegung wieder an meinen Platz zurück. »Bleib sitzen. Lass mich nur machen.«

Sorgfältig spülte sie Traube für Traube zuerst unter warmem, dann unter kaltem Wasser ab, schüttelte die Bündel kurz über dem Waschbecken und legte sie dann sanft auf einen Teller ab. Daneben stellte sie eine zweite Schale und begann nun, die einzelnen Beeren zu halbieren und zu entkernen.

»Das brauchst du doch nicht, Uschi, Philippa isst ...«

»*Michael* mag nur entkernte Trauben«, fiel Mutter Sklave mir ins Wort.

Mein einziger Gedanke in dem Moment: *Flucht!*

»Oh, schon so spät«, sah ich auffällig auf meine Armbanduhr. »Wir müssen leider los. Danke fürs Essen.«

Eilig nahm ich Philippa auf den Arm, winkte kurz in die Runde und rannte aus dem Haus. Michael hechtete hinterher. »Was ist los?«, fragte er verwirrt.

»Gar nichts. Ich hab nur komplett vergessen, dass eine Kundin zur Anprobe kommt. Ihr Blazer ist fertig.« Ich konnte gar nicht schnell genug von ihm wegkommen. Mit Riesenschritten lief ich nach Hause.

Eine Woche lang hörte und sah ich – dem Himmel sei Dank – nichts mehr von meinem Muttersöhnchen.

Dann kam jedoch das Dorffest und mit ihm Michael erneut in mein Blickfeld. Wir scherzten, lachten und tanzten, und ich ließ mich – *verdammt* – wieder auf Sex mit und bei ihm – *verdammt* – ein.

Als ich meinen Fuß ganz leise auf die Treppe zu seinem Schlafzimmer setzte, unterbrach er mit »Ich hab Hunger« mein Vorhaben und lief – nein – nicht in die Küche, sondern ins elterliche Schlafzimmer.

»Mama, Mama, Maaa-maaaa.« Energisch rüttelte er an ihrer zugedeckten Schulter. »Machst du mir einen Toast?«

Ich konnte es nicht fassen, was sich da vor meinen Augen abspielte. Wie eine Schlafwandlerin setzte sich seine Mutter auf, schlüpfte in ihre Hauspatschen, streifte sich einen rosaroten Bademantel über und torkelte mit Haarnetz und Lockenwicklern auf dem Kopf in die Küche.

»Du kannst doch deine Mutter nicht um vier Uhr früh wegen eines beschissenen Toasts aufwecken!« Ich schlug mir mit der Handfläche gegen die Stirn. »Du bist verrückt, einfach verrückt!«

Uschi hingegen bemerkte mich nicht einmal und werkelte schlaftrunken vor sich hin. Michael blätterte entspannt in einer Zeitschrift.

»Es reicht! Ich gehe! Das ist doch nicht normal, was hier läuft. Ihr seid doch krank, alle beide!« Mit einer gehörigen Wut im Bauch und ohne mich zu verabschieden, rannte ich, wie vom Teufel verfolgt, die Straße zu meiner Wohnung hinunter. Es fing an zu regnen und ich dachte: Herrgott, bitte scheiß Hirn vom Himmel und teile es gerecht zwischen den beiden auf!

Nach zwei Wochen klingelte mein Telefon, Michael war in der Leitung. Er wollte mich wiedersehen, ich dagegen konnte diesem Vorschlag rein gar nichts abgewinnen. Doch er blieb hartnäckig und das, obwohl ich ihn als »Muttersöhnchen« und »Sklavenhalter« ausgiebig beschimpfte. Er wollte über seinen Schatten springen und mich unbedingt zu Hause besuchen, mir einfach alles erklären, nur Kaffeetrinken, reden. Ich ließ mich erweichen und willigte ein. Außerdem hatte ich Lust auf Sex und Uschi war auch in sicherer Entfernung. Eine Stunde vor unserem Treffen rief er mich an und sagte aufgrund eines unaufschiebbaren Termins ab: Er ging mit seiner Mama Unterhosen für den Papa kaufen.

Der 15. Mann, der ein Freak ist

Darf ich vorstellen, Susi!

Selina (26), Medizinstudentin, Bern,
über den Sex mit
Ferdinand (28), Autohändler, Lausanne

Wie im Videoclip zu *Last Christmas.* So wollte ich immer schon mal Weihnachten feiern. Nur mit Freunden, ohne Familie und eine Mutter, die kurz vor einem Nervenzusammenbruch stand. Voriges Jahr war es dann so weit. Zu acht – davon zwei Pärchen und vier Singles –, ich gehörte zu Letzteren, mieteten wir eine Skihütte, hoch oben in den Bergen.

Während der Gondelfahrt lieferte ich mir mit Martina ein Augengefecht, wer von uns beiden in den Genuss von Ferdinand, dem attraktiveren der beiden Solo-Männer, kommen sollte. Ich gewann den wortlosen Kampf, nicht zuletzt auch deshalb, weil Ferdls Blicke wie Honig an mir klebten. Beim Ausstieg hakte ich mich bei meiner Trophäe ein. Martina musste sich mit dem femininen Florian zufriedengeben.

Die Hütte übertraf all unsere Erwartungen, schon von außen. Sie schwebte auf meterhohen Schneewellen, rundherum Tannen, deren Äste die Last des letzten Schneefalls trugen. Ein warmes Licht schimmerte durch die Fenster in die anbrechende Dämmerung. Drinnen empfing uns ein friedliches Feuer im offenen Kamin. Eine rot-grün karierte Couch dominierte den Raum, daneben standen zwei Hocker, ebenfalls mit dem rotgrün karierten Stoff überzogen. Rechts davon befand sich eine kreisrunde Bar, die mit reichlich Alkohol bestückt war. Die Fensterbänke waren mit Teelichtern in roten Glasschälchen übersät.

Das Herausragendste war aber die saftig grüne Tanne, die vor dem mächtigen Wohnzimmerfenster, das sich über eine gesamte Hausseite zog, stand. Daneben lagen verschieden große Schachteln, gefüllt mit rotem und goldenem Weihnachtsschmuck, kleinen, mittleren und großen Kugeln, Engeln, Tannenzapfen, Sternen. Der Vermieter hatte wirklich an alles gedacht.

Auch die Zimmer im ersten Stock waren in dem gemütlichen Landhausstil gehalten. Ungehalten reagierte Martina, als ich ihr offenbarte, dass ich nicht – wie ursprünglich geplant – mit ihr das Doppelzimmer teile wollte, sondern mit Ferdinand. Ich hatte schließlich nicht gewusst, dass der vergebene Oliver so einen süßen Freund mitbringen würde.

»Und ich soll mit Florian in einem Zimmer schlafen? Du tickst doch wohl nicht richtig. Er ist überhaupt nicht mein Typ!«

»Na, und wenn schon! Sei gnädig, bitte. Es ist doch Weihnachten, und ich wünsche mir wirklich, dass heut Nacht nicht nur der Baum lichterloh brennt!«

Das verstand Martina, selbst kein Kind von Traurigkeit: »Okay, aber dafür schuldest du mir was. Los, Florian, schlepp deine Sachen hier rein. Du schläfst bei mir.« Florians Gesicht wurde schlagartig durchblutet, und durch die hellroten Wangen wirkte sein Gesicht noch weiblicher. Er folgte Martina aufs Wort und stellte seinen überdimensionalen Kosmetikkoffer auf dem Fußboden ab.

Ferdinand und mich überfiel die Leidenschaft, und wir küssten uns wild im Schlafzimmer. Ich fasste beherzt in seinen Schritt, er jedoch wich erschrocken zur Seite. »Nicht anfassen!«, befahl er und zog mich an der Hand die Treppen zum Wohnzimmer hinunter. Dort schmückten Martina und Florian bereits den Weihnachtsbaum. Die anderen bereiteten das Essen zu.

In einem günstigen Moment schob ich Martina zur Seite und flüsterte: »Was hat das zu bedeuten, wenn man einem Mann an den Schwanz fasst und er zurückweicht?«

»Wahrscheinlich hat er eine Essiggurke.«

»Bist du sicher? Denn optisch gibt sein Gemächt ordentlich was her, finde ich. Trotz weiter Jeans zeichnet sich vorne was ab.«

»Glaub mir. Er hat einen kleinen Schwanz.«

»Und wenn schon. Die Technik macht's doch.«

»Glaub mir. Irgendwann bringt auch die ausgeklügeltste Technik nichts mehr. Selbst der versierteste Handwerker schafft es nicht, mit einem zarten Hammer einen Riesennagel in die Wand zu schlagen.«

Meine Lust wollte sich von dieser Kleinigkeit auf keinen Fall geschlagen geben, und ich schmückte den Baum munter weiter, jedoch nur noch mit den größten Kugeln.

Weihnachtslieder tönten leise im Hintergrund und wir saßen alle frisch geduscht und festlich gekleidet an dem ovalen Holztisch. Der schien sich nicht nur unter der Essenslast, sondern auch unter der üppigen Tischdekoration zu biegen. Es gab kalten Lachs, dazu allerlei Pasteten mit warmem Toast, Würstel und Sauerkraut. Kein Stress mit dem Auspacken von Geschenken, weil es keine gab. Kein Stress mit dem Singen von Weihnachtsliedern, weil keiner singen wollte. Ganz im Gegensatz zu meiner Familie, die zwar immer wollte, aber nicht wirklich konnte, und schlussendlich krächzten wir zu fünft die Tanne an.

Beim Feiern mit Freunden klingen die Glocken hingegen wirklich süß, und meine Vorfreude auf das Auspacken war – trotz fehlender Geschenke – noch nie so groß.

Mit einem Augenrollen Richtung Schlafzimmer machte ich Ferdinand klar, dass es jetzt auch für uns an der Zeit war, die Nacht feierlich zu beenden. Die beiden Pärchen waren schon in ihren Zimmern, nur wir vier Solisten saßen noch um das Feuer und tranken Glühwein. Der warme Alkohol machte mich noch schärfer auf Ferdl, und tatkräftig schleppte ich ihn die Stufen hoch.

Vor unserer Türe machten wir halt, und ich fraß ihn mit meinen Küssen im dunklen Flur fast auf. Nur eine Wandlampe gab ein schwaches erotisches Licht ab. Ich stieß Ferdl gegen die

Schlafzimmertür, drückte die Klinke nach unten und zerrte ihn in das dunkle Zimmer. Während wir Lippe an Lippe hingen, tastete ich mit der linken Hand nach dem Lichtschalter. Ja! Gefunden! Schließlich wollte ich auch sehen, wen ich da jetzt auszog. Stürmisch zerrte ich an Ferdinands T-Shirt, doch er befreite sich aus meinen Klauen, schoss zum Schalter und schlug mit geballter Faust darauf. Wieder vollkommene Dunkelheit.

»Was soll das?«, fragte ich ins Schwarze.

Mir antwortete nur die Stille. »Ferdinand? Ferdinand?« Die harte Schnalle eines Gürtels knallte auf den Holzboden, und sein stoßender Atem, den er zu unterdrücken versuchte, mischte sich mit kurzem, lautem Ziepen und Gezerre. Plötzlich kribbelte sein Atem auf meinem Gesicht, und seine Lippen legten sich auf meine Wange. Von dort küsste er sich abwärts zu meinem Schlüsselbein. Ich legte meine Arme auf seine Schultern – er war nackt. Langsam glitten meine Hände seitwärts nach unten, Po, Oberschenkel – ebenfalls kein Stoff mehr zu spüren.

»Du bist wohl einer von der ganz schnellen Sorte«, hauchte ich ihm ins Ohr und versuchte, mich aus seinen Umarmungen Richtung Lichtschalter zu befreien. »Ich will deine Bauchmuskeln nicht nur spüren, meine Augen sollen schließlich auch etwas davon haben.«

»Bleib hier«, flehte Ferdinand und hielt mich fest.

»Jetzt lass mich los, verdammt noch mal!« Das tat er endlich und sprintete von mir weg.

»Wo bist du hin?« Mit ausgestreckten Armen tastete ich mich durch die Dunkelheit und landete auf Ferdinands Brust.

»Bitte, *kein* Licht«, wimmerte er. Ich strich über seine Schulter, Oberarm, Unterarm und erreichte die Hand, die krampfhaft den Schalter umklammerte, und wieder sprang mir ein flehendes »Bitte, *kein* Licht!« ins Gesicht.

»Aber wieso? Du bist doch kein Gnom! Im Gegenteil! Jung, fesch, knackig, und dran ist bei dir ja wohl auch alles! Oder?«

»Ich kann nur im Dunkeln«, platzte es aus ihm heraus.

»Wie, du kannst nur im Dunkeln?«

»Sex haben. Ich kann nur im Dunkeln Sex haben.«

Auch das noch, dachte ich, wieder einmal ein Irrer.

»Eine Kerze? Kerzenlicht geht doch?«

»Nein. Es *muss* stockdunkel sein. Sonst kann ich nicht.«

»Wie, sonst kannst du nicht?«

»Bei Licht krieg ich einfach keinen hoch!«

Gut, ich brauche auch keine Operationsbeleuchtung, aber ein klein wenig Helligkeit ist doch wirklich nicht verkehrt. Doch da war nichts zu machen. Ferdl bestand auf Schwarz-Sex, und ich wollte *endlich* gevögelt werden.

Ob ich's wurde, weiß ich bis heute nicht. Ich sah nichts, ich spürte nichts, was weiß der Teufel, ob er überhaupt in mir drin war.

Als er von mir runterrollte, brauchte ich zwei Dinge: einen Schnaps und Licht. Ich schaltete die Nachttischlampe ein und ein schöner Rücken mit gerader Wirbelsäule und einem imposanten Steißbein grinste mich an.

»Was hast du da für eine Beule am Hintern?«, fragte ich Ferdl, der schon aufgestanden war. Als er sich zur Seite drehte, sah ich den absoluten Liebestöter, und das bei einem Mann: eine fleischfarbene Unterhose. Doch irgendetwas stimmte anatomisch nicht. Vorne wölbte sich bei Ferdinand zwar etwas, minimal, aber immerhin, hinten war die Ausbuchtung dafür doppelt, wenn nicht sogar dreifach, so groß.

»Du bist ja gleich zweimal bestückt. Na, wenn heut nicht Weihnachten ist!«, belustigte ich mich.

Verwirrt blickte Ferdl auf sein Schwänzchen und griff dann geschockt auf die hintere Beule. Er wurde kreidebleich, am ganzen Körper, sodass sich das fleischfarbene Grauen jetzt deutlich von seiner Haut abhob. Er schwankte, schrie »Scheiße«, stürmte ins Bad, schlug die Tür zu und versperrte sie.

Kichernd krabbelte ich aus dem Bett und klopfte leise an die Badezimmertür. »Ferdinand, Ferdinand. Mach doch auf.« Kein Laut kam aus dem Bad.

»Ferdinand! Jetzt mach doch auf! Ich schalte auch das Licht nicht ein, versprochen!« Nach einer Weile machte es klack, klack, und Ferdl gab den Weg frei. Schwungvoll riss ich die Tür nach innen auf, und als das Licht von draußen in das Badezimmer strömte, huschte er wie ein Silberfischchen in die Badewanne und wickelte sich in den Duschvorhang ein.

Ich machte das Licht an. »Jetzt sei doch nicht kindisch«, sagte ich und zerrte an dem Vorhang. So lange, bis er nachgab und sich vor mir in seiner kompletten Männlichkeit entblößte. Anstelle eines A-Körbchens hüpfte mich jetzt Doppel-D an, dieses Mal jedoch an der richtigen Stelle. Vorsichtig tippte ich mit meinem Zeigefinger auf das beeindruckende Gebilde: hart, sehr hart.

»Das ist Susi«, öffnete sich Ferdl mir unverhofft.

»Hallo, Susi!« Grinsend blickte ich auf den mächtigen Beutel. »Schöner Name für deinen Willi.«

»Nein«, wiegelte Ferdinand ab, »Susi ist doch die Abkürzung für Suspensorium. Das habe ich von Balletttänzern übernommen, die so eine Unterwäsche unter ihrem Trikot tragen, damit die Glocken nicht bimmeln.«

»Aha. Ich kann mich aber nicht erinnern, dass du Pirouetten um den Weihnachtsbaum gedreht hast.«

Ferdinand ließ den Kopf sinken, schaute auf Susi, dann wieder zu mir. Mit leiser Stimme sagte er: »Aber dadurch schaut *er* größer aus. Ihr Frauen tragt doch auch Push-up-BHs.«

Ich setzte mich zu ihm auf den Badewannenrand, und obwohl ich laut loslachen wollte, unterdrückte ich es mit aller Kraft, sodass nur drei Stöße gepresster Luft aus meinem Nasenloch kamen. Ferdinand schaute mich mit zusammengekniffenen Augen verzweifelt an. Dieser Mann brauchte Hilfe! Unter normalen Umständen hätte ich mich spätestens jetzt aus dem Staub gemacht.

Aber es waren keine normalen Umstände, es war Weihnachten, und ich saß in einer eingeschneiten Hütte fest.

»Klein ist doch relativ. Vielleicht liegt dein Schwanz eh im Durchschnitt. Zeig ihn mir doch einfach mal.« Ich versuchte die Therapeuten-Schiene, um ihn aufzumuntern, wohl aber eher, um meine Neugierde zu stillen.

»Nein, auf *keinen* Fall.« Ferdinands kastanienbraune Augen dunkelten vor Entsetzen nach. »Was sich hinter Susi verbirgt, hat noch nie eine Frau gesehen.« Er sprang auf, grapschte mit überkreuzten Händen fest auf seine Susi und galoppierte in das Schlafzimmer. Mit einem Satz landete er in der Mitte des Doppelbettes und grub Susi wie ein Maulwurf in den Matratzenspalt. Was natürlich nicht mal ansatzweise gelang.

Ich hatte genug gesehen, mir war nur noch nach: Zimmerwechsel.

Ich wollte Martina reumütig um Einlass bitten, doch glockenhelle Lustschreie hielten mich davon ab, an ihre Tür zu klopfen.

Ein Jahr später kehrte ich zu meiner alten Gewohnheit zurück: Da feierte ich Weihnachten wieder mit meiner Familie.

Bei *Last Christmas* schalte ich übrigens heute noch um.

Der 16. Mann, der ein Freak ist

Maggie, noch einen Cocktail bitte!

Maggie (55), Geschäftsführerin des Swingerclubs »1000 und eine Nacht«, Kärnten, über die Männer allgemein

Eine langfristige Kundenbindung ist auch im horizontalen Gewerbe eine nicht zu unterschätzende Maßnahme. Ich binde meine Gäste schon seit Jahren an mich und das im wahrsten Sinne des Wortes mit vollem Körpereinsatz. Meine Geheimwaffe, um die Männer wie die Motten in meinen Club zu ziehen? Der allseits beliebte, einzigartige »Maggies Muschi Cocktail«. Ich gehe sogar so weit, zu behaupten, dass allein dieses Getränk sexhungrige Gespielen dazu verführt, Nacht für Nacht in mein Reich einzutauchen und dort ihre verborgensten Wünsche auszuleben.

Und wahrlich, es gibt Männer, die ihre Ehefrauen einzig und allein nur wegen dieses betörenden Cocktails betrügen. Sie ziehen wie Schatten zu mir in den Club, setzen sich an die Bar und bestellen *den* Cocktail aller Cocktails. Wenn er dann vor ihnen steht, streicheln sie leicht und lustvoll mit der Zungenspitze über die Innenseite ihrer Lippen, berühren sanft das Glas mit der zarten Haut, schließen die Augen und lassen nur eine homöopathische Dosis von dem Saft in ihre Kehle fließen. Dann öffnen sie ihre Augen wieder, und wo vorher dunkle Schatten zu sehen waren, ist jetzt nur noch ein Leuchten.

Ich nicke mit dem Kopf, lasse sie in ihrem Rausch allein. Bis zu einer Stunde genießen sie diesen Zaubertrank: wortlos, zwischendurch tauchen sie immer wieder tief die Nase in das Glas und inhalieren den Duft lange und intensiv. Wenn sich ein Tropfen verflüchtigt und am Bauch des Glases wie ein Tautropfen hinabgleitet, dann fangen sie ihn mit schneller Zunge wieder auf. Und manchmal, wenn sie vom Inhalt unabsichtlich ein klein wenig verschütten, dann lecken sie es begierig vom Tresen ab. Wehe dem, der es wagen würde, sich dem kostbaren Gut mit einem Schwammtuch zu nähern. Dann werden sie zu Raubtieren, die jeden noch so kleinen Tropfen bis auf das Blut verteidigen.

Die Zutaten dieses Cocktails sind so einfach und naheliegend. Frauen, die ihren Männern jeden Abend einen solchen Drink servieren, müssen nie mehr die Befürchtung haben, dass er fremdgeht. Die Inhaltsstoffe des Cocktails löschen die Gedanken an andere Frauen mit einem Schlag aus: Man nehme einen Cocktail seiner Wahl, hole aus dem Gefrierfach einen Eiswürfel und schiebe ihn sich in die Muschi. Dort lasse man ihn für ein paar Sekunden einweichen, fische ihn wieder heraus und werfe ihn elegant in das Glas.

Einmal habe ich einen Cocktail ohne Eiswürfel serviert, weil ich in einen anderen Cocktail aus Versehen zwei Eiswürfel getan hatte. Wie ein Geier stürzte sich der betrogene Mann daraufhin auf das Glas des anderen und rührte wie ein Verrückter im fremden Piña Colada herum, bis er endlich triumphierend *seinen* Eiswürfel in der Hand hielt. Dann steckte er ihn in den Mund und saugte so begierig daran, dass seine Wangen tief eingefallen aussahen. Seinen eigenen Cocktail ließ er links liegen.

Zehn Eiswürfel berühren mein Innerstes an einem Abend. Mehr schaffe ich nicht, denn sonst friert mir die Muschi ein. Und eine Blasenentzündung ist mir die Sache, bei aller Kundenliebe, nicht mehr wert. Die hatte ich nämlich, als ich ein Eisstück nicht mehr rausbekam. Die Erinnerung an diesen Kälteschock jagt mir heute noch einen Schauer zwischen die Beine.

Der 17. Mann, der ein Freak ist

SPORT IST BEZIEHUNGSMORD

*Sina (27), Zahnarzt-Assistentin, Berlin,
über ihre Beziehung mit
Peter (25), Radrennfahrer, Berlin*

Im Sport und in der Liebe ist alles erlaubt. Deshalb hatte ich auch kein schlechtes Gewissen, als ich zu einer kleinen Notlüge griff, um Peter in der »Gesunden Ecke« eines Drogeriemarktes näherzukommen.

Ich sah ihn, und ein Begehren fesselte mich, das ein Wegschauen unmöglich machte. Es war einer dieser seltenen Momente im Leben einer Frau, wo man einen Mann sieht, der einen sofort in den Bann zieht.

Peters Gesichtszüge hatten mit den hohen Wangenknochen und der schön gemeißelten Nase etwas Aristokratisches an sich. Seinen Mund umtanzten ein paar Sommersprossen, und sein dichtes Haar war fast so rot wie der Karottensaft, von dem er andächtig nippte.

»Wie schmeckt das Getränk?«, fing ich ein Gespräch an, obwohl sich schon beim Anblick der satten Farbe augenblicklich Würgereflexe bei mir einstellten. Schon als Kind empfand ich eine tiefe Abneigung gegen Karottensaft.

»Ausgezeichnet«, erwiderte er schüchtern und überrascht darüber, dass ich ihn ansprach.

»Sehr gut. Dann nehme ich bitte auch einen.«

Ich deutete auf sein Glas, und die Kellnerin stellte mir lächelnd, ohne die Zähne zu zeigen, den Karottensaft auf das Stehtischchen.

»Es geht doch nichts über eine gesunde Mittagspause«, grinste ich Peter an, bei dem sich nun ein orange-gelbliches Oberlippenbärtchen gebildet hatte.

»Bist du öfters hier?« Ich gab nicht auf, hakte nach, wollte diesen Mann so sehr, unbedingt.

Nach und nach wurde Peter gesprächiger, erzählte mir, dass er Profisportler sei, für ihn sein Glück im Sattel liege und ihn deswegen noch jede Frau verlassen hat.

»Ich würde dich nieee verlassen, mein Liebster«, hörte ich mich in Gedanken schon zu ihm sagen. Ich riss mich zusammen und schleimte stattdessen mit nachhaltiger Wirkung: »Ich wäre sehr, sehr gerne mit einem Sportler zusammen. Die sind so anders: so aktiv, so durchtrainiert, so ausdauernd.«

Das alles traf am Anfang unserer Beziehung auch zu, besonders was den Sex und seine Reisewilligkeit betraf. Da wir in zwei verschiedenen Städten wohnten, sahen wir uns nur an den Wochenenden. Begierig stand er jeden Freitagabend vor meiner Tür, und mehr als das Bett sahen wir dann auch nicht. Wir gingen nie außer Haus, ließen uns Essen in die Wohnung liefern, das er aber kaum beachtete. Ich genoss jede Sekunde unseres Zusammenseins und konnte nicht begreifen, warum es keine Frau mit ihm aushielt. Über seinen Radsport sprachen wir so gut wie nie. Das Einzige, was das Feuer in seinen Adern entfachte, war ich und nur ich.

Schleichend wendete sich das Blatt. Wir waren einen Monat zusammen, da lud er mich in sein Haus ein. Eigentlich gehörte es seiner Oma, und er bewohnte darin nur ein Zimmer. Es war nicht besonders groß und wirkte auf mich äußerst unsympathisch. Die Tapeten an den Wänden waren ein Überbleibsel aus den 70ern und zeigten lebhafte braune, orange und ockergelbe Kreise. An der hinteren Wand stand ein schlichtes Bett aus Sperrholz, darüber hing ein zartfarbenes Landschaftsbild. Links und rechts vom Bett je ein schmales Nachtschränkchen. Nicht gerade ein Ansporn für sexuelle Hochleistungen, obwohl Peter mich in seinem sexy engen Radldress durchaus in erotische Schwingungen versetzte, als er mich begrüßte: »Pack doch erst mal deine Sachen in aller Ruhe aus. Ich drehe derweil eine kleine Runde mit dem Rad«, sagte er, setzte sich den Helm auf und fuhr los.

Aus der »kleinen« Runde wurden vier Stunden! Als er wiederkam, war ich sehr wütend und noch viel hungriger. Der Inhalt seines Kühlschranks kam nämlich dem Futterbedarf eines Hasen gleich. Ein Salatkopf, ein paar Karotten, das war's. Mehr gab's da nicht.

»Wenn ich nicht sofort etwas zwischen die Zähne bekomme, dann vergesse ich mich«, brüllte ich Peter an, der breitbeinig auf mich zukam. Mein Temperamentsausbruch ließ seinen Puls höher steigen. »Grrrrr«, machte er und rollte dabei das »r« so komisch. Gekonnt riss er sich den Helm vom Kopf, schälte sich flink aus seinem feuchten Hauteng-Dress und warf sich auf mich. Er zerriss mir die Bluse, küsste wie wild geworden meinen Busen und saugte an meinen Brustwarzen wie an einer Trinkflasche.

»Hunger!«, presste ich unter Stöhnen hervor, doch schlussendlich übertönten multiple Orgasmen meinen knurrenden Magen. Tja, das ist der Vorteil, wenn man mit Sportlern zusammen ist. Sie sind es gewohnt, ständig Leistung und Ausdauer zu zeigen. Mein Unterleib war danach ruhiggestellt, bis zum Magen kam das Signal aber trotzdem nicht an. Dafür brauchte ich einen Italiener. Wir gingen essen. Zumindest ich aß, und Peter machte das, was er unter Nahrungsaufnahme verstand: Er beträufelte ein paar Salatblätter mit Balsamicoessig. Woher, zum Teufel, nahm dieser Kerl dann nur diese übermenschliche Kraft und Energie?

Die kommenden Wochenenden wurden zur Tortur für seine Oberschenkel und für mein Herz. Er ließ mich Stunden über Stunden alleine in seinem Haus hocken und trainierte für die Tour de France. *Acht* Stunden war er an einem Samstag mal unterwegs. Und ich wartete. Warum ich mir das antat? Sex. Es war der Sex. Alle Frauen werden mir beipflichten: Wenn man vorher mit Zwei-Minuten-Männern im Bett war, dann schätzt man ein Fünf-Gänge-Menü besonders. Für diese Gaumenfreude nahm ich auch stundenlanges Ausharren in Kauf. Das wurde zu meiner neuen Freizeitbeschäftigung.

Mein Drängen, er möge doch die Wochenenden bei mir verbringen, schließlich könne er ja überall Rad fahren, prallte an ihm ab. Seine Trainingsroute sei ihm schließlich vertraut, und er wolle nicht neue Wege beschreiten. Scheiße, ich gab nach und wartete und wartete und wartete. Zwischendurch telefonierte ich mit Freundinnen, die mich natürlich für vollkommen verrückt hielten, und putzte sogar sein Haus.

Wie an dem einen Sonntag, an dem ich es geschafft hatte, ihn, nach seiner Ausfahrt, für eine Woche am Meer – *ohne* Rad – begeistern zu können.

Da ich jedes seiner Möbelstücke schon drei Mal bearbeitet hatte: zuerst trocken, dann nass, dann poliert, zog ich das Kabel aus dem Kühlschrank, um diesen zu säubern. Doch da stand »schon« Peter in der Tür, der sein Versprechen gehalten hatte. Wir fuhren in den Urlaub – und wirklich nur zu zweit.

Leider erreichte die Tatsache, dass Peter auch zwei Beine hatte, erst unter Einwirkung der Meeresluft mein Gehirn. Die steckte er in den sieben Tagen zwar nicht in die Tretpedale, stattdessen malträtierte er damit die Strände in Kroatien.

Die Sonne weckte mich auf. Peter war nicht da. Der Wind küsste meinen Körper im Liegestuhl. Peter war nicht da. Das Wasser unter der Dusche spülte den Sand von meiner Haut. Peter war nicht da.

»Willst du mich verarschen? Ich bin doch nicht in den Urlaub mit dir gefahren, um Selbstgespräche zu führen. Es reicht mir, du Egoist!«

Die Wut brannte in mir wie der Sonnenbrand auf meiner Haut. Ich kühlte einfach nicht ab. Auch der Sex, der mich sonst immer versöhnlich stimmte, konnte sie mir nicht nehmen. Peter versprach, sich zu bessern und das Laufen auf eine Stunde pro Tag zu reduzieren. Woran er sich zwar hielt, trotzdem sah ich nur noch die Sinnlosigkeit unserer Beziehung.

Wenn man mit jemandem zusammen ist, der sich vom köstlichen Frühstücksbuffet einzig und allein einen Teelöffel Magerjoghurt mit eingetunktem Müslikorn gönnt, der hat einfach keinen Spaß im Leben. Wenn Sport Mord ist, dann ist er für jemanden, der mit einem Hochleistungssportler zusammen ist, Selbstmord auf Raten. Das war der Zeitpunkt, wo ich beschloss, Peter zu verlassen.

Bestärkt wurde ich obendrein durch den Anblick, der sich nur wenig später meinen Augen bot. Nach dem Frühstück ging ich nach oben, um meine Badesachen aus dem Zimmer zu holen. Peter ruhte in Badehosen auf dem frisch gemachten Bett, die glatt rasierten Beine von sich gestreckt, an dem Nagel in der Wand, wo vorher ein Holzkreuz war, hing nun ein Infusionsbeutel, dessen Schlauch in seinen rechten Arm lief.

»Was, *bitte*, tust du da?« Ich schlug die Hände vor meiner Brust zum Gebet zusammen. Peter schaute kurz auf und ließ dann den Kopf sofort wieder in das Kissen sinken. »Ach, das sind einfach ein paar Proteine.«

»Ich verlasse dich. Ich will nach Hause«, sagte ich ruhig.

»Gut. Ich packe, wenn der Beutel leer ist«, war seine Antwort.

Die Autofahrt wurde zu einer Schweigetour. Als wir bei ihm ankamen und ich die Sachen in meinem Auto verstaute, hielt kein Wort von ihm mich zurück.

Ein paar Stunden später sagte er doch was, in Form einer SMS: »*Danke*, dass du den Kühlschrank ausgesteckt hast. Zweitausend Euro Dopingmittel sind im Arsch!«

Ich dachte nur: »Was im Arsch ist, ist dein Hirn.« So blöd muss man erst mal sein, der Exfreundin schriftlich eine Drogenbeichte zu übermitteln.

Der 18. Mann, der ein Freak ist

Eine süsssaure Leidenschaft in Wien

Maria (24), Dolmetscherin, Wien,
über ihre Beziehung mit
Rüdiger (35), Holzunternehmer, Wien

Wie ein aufgeregtes Kind vor dem Süßwarenladen – so stand ich vor dem exklusiven Dessousladen in der vornehmen Wiener Innenstadt. Für ein paar Sekunden schloss ich die Augen und überlegte, ob ich denn nun wirklich das Geschäft betreten sollte. Im Grunde genommen hatte ich wirklich mehr als genug Unterwäsche. In meinem begehbaren Kleiderschrank, der alleine sechzig Quadratmeter unserer Luxuswohnung ausmachte und in dem die Regale je zur Hälfte aus geschliffenem Glas und weiß lackiertem, kostbarem Ebenholz waren, gab es eine Abteilung, die voll war mit den aufregendsten Dessous: Spitzenunterwäsche und Stringtangas von Victoria Secrets oder Babydolls und zarte Hängerchen vom ultrasexy Label Janet Reger, das auch Stars wie Madonna, Nicole Kidman oder Uma Thurman tragen. Wenn ich diese heißen Teile anhatte, fühlte ich mich wie eine Göttin und unglaublich begehrenswert.

Mein Freund Rüdiger sah das genauso. Erst letzte Nacht hatte er mich zärtlich berührt und so leidenschaftlich geküsst, dass mein Körper unter seinen Händen erbebte. Ich verzehrte mich nach ihm, seit ich ihn zum ersten Mal sah. Er war ein Traum von einem Mann, nach dem jede Frau verrückt war: 1,88 Meter groß, schwarzes gewelltes Haar, muskulöser Körper, wie ihn sonst nur Sportler haben. Wie so oft am Tag schossen mir wieder die Bilder von unserer ersten gemeinsamen Nacht vor zwei Jahren in den Kopf. Sein warmer Atem auf meinen Wangen, zärtlich knetete er meine Brüste …

»Aus dem Weg! Sind Sie hier angewurzelt?«

Abrupt wurde ich durch das energische Läuten einer Fahrradklingel aus meinem Tagtraum gerissen. Ein Fahrradkurier blickte mich wütend an, als er an mir vorbeirauschte.

Ich riss mich zusammen, strich meinen grauen, knielangen Rock zurecht und öffnete schwungvoll die Tür zur edlen Unterwäsche-Boutique.

»Guten Morgen, Maria.« Ich lächelte die hübsche Verkäuferin an. »Guten Morgen, Natalie. Ist die neue Kollektion schon da?«

»Ja. Wir haben selbstverständlich Ihre Größe schon weggelegt.«

Als Stammkundin wurde ich immer besonders bevorzugt behandelt. Schließlich gab ich hier monatlich ein kleines Vermögen aus. Doch ich konnte es mir leisten. Schließlich bezahlte Rüdiger alles. Ihm gehörte ein großes Holzimperium, das ihm sein Vater vererbt hatte. Die Geschäfte liefen hervorragend, und das Unternehmen machte jährlich Umsätze in Millionenhöhe.

Plötzlich kamen wieder Bilder von der letzten gemeinsamen Nacht in mir hoch.

Sein muskulöser Oberkörper an meinen Brüsten und seine feuchten Lenden auf mir … Oh Rüdiger … Wie vorzüglich du es verstehst, mich zu befriedigen …

»Was sagen Sie zu dieser Spitzenwäsche?«

Natalie legte einen Push-up-BH mit passendem Höschen, beides kunstvoll bestickt mit Swarovski-Steinen, auf den gläsernen Tisch. »Einfach wundervoll. Kann ich die Dessous einmal anprobieren?«

»Selbstverständlich. Sie wissen ja, wo unsere Umkleidekabinen sind. Diese Wäsche würde sich übrigens auch vorzüglich unter ihrem Rock machen«, sagte Natalie mit einem leichten Lächeln auf den Lippen.

Ich stand in der Umkleidekabine, entledigte mich meines grauen Pencilskirts und der edlen Seidenbluse und zog dafür das schwarze Spitzenhöschen und den BH an. Als ich mich so im Spiegel betrachtete, verstand ich, warum Rüdiger verrückt nach mir war. Meine gebräunte Haut und das dunkelbraune Haar harmonierten hervorragend mit der schwarzen Unterwäsche, und ich hatte – und das musste ich ehrlich und ohne Untertreibung zugeben – eine Bombenfigur. Gut, im Gegensatz zu meiner Freundin Anni tat ich auch was dafür. Während sie die Zeit bei Kaffee und Kuchen in Konditoreien versaß, verbrachte ich meine mit Reiten.

Ja, mit dieser neuen Unterwäsche werde ich meinem Liebling heute einen außerordentlichen Empfang bereiten …, dachte ich und bewunderte mich nochmals von allen Seiten. »Ich lasse die Wäsche gleich an«, rief ich aus der Kabine den Verkäuferinnen zu.

Von lüsternen Gedanken erhitzt, zahlte ich und verabschiedete mich mit den Worten: »Einen schönen Tag noch und auf bald, meine Damen.«

Mit meinem silbernen Bentley fuhr ich den weiß gepflasterten Weg zu der prachtvollen Villa entlang. Rüdigers schwarzer Land Rover parkte schon davor. Ungewöhnlich. Sonst ist er doch nie so früh zu Hause. Voller Freude auf ein Wiedersehen mit meinem Sexgott wandelte ich auf den zehn Zentimeter hohen Absätzen die Marmortreppen zu unserem Schlafzimmer hinauf.

»Liebster, ich komme«, rief ich, und mein Körper erhitzte sich Stufe für Stufe. Schnell zog ich alles Unnötige aus und stolzierte nun in meinen edlen Dessous Richtung Schlafzimmer. Im Türrahmen blieb ich stehen und posierte verführerisch.

In einer schwarzen Anzughose, das weiße Hemd schlampig aus dem Hosenbund gezogen, die Krawatte gelockert, so saß Rüdiger auf dem Bett. Voll gepackte Koffer kreisten ihn ein. Er sah mich lange an, und mit ruhigem, bestimmtem Ton sagte er: *»Ich muss mich selbst verwirklichen.«*

Dann stand er auf, griff nach den Koffern, schritt zur Tür raus, setzte sich ins Auto und fuhr davon.

Zwei Jahre lang hatte ich mit Rüdiger eine Beziehung wie in diesen kitschigen Liebes-Heftromanen geführt. Und eines Tages – aus heiterem Himmel – verließ er mich. Einfach so. Ohne Vorwarnung, ohne Streit, ohne Erklärungen. Bis heute kenne ich den Grund nicht. Das macht es für mich nur noch unfassbarer und unerträglicher. Er rief mich nie wieder an, schrieb nie eine Mail oder einen Brief, löste sich in Luft auf. Meine Anrufe quittierte er mit Ignoranz. Bald existierte auch seine Nummer nicht mehr.

Oft weckten mich Albträume aus dem Schlaf. Immer wieder suchte ich die Schuld bei mir oder nach irgendwelchen versteckten Anzeichen, die er mir vielleicht gegeben hatte. Doch ein paar Monate später gab ich den Kampf müde auf, genauso wie das Rätselraten mit Freunden, warum er gegangen war. Rüdiger und ich waren das Traumpaar schlechthin, ein Vorbild für alle, wir wollten sogar heiraten. Doch er warf das gesamte Gepäck der Vergangenheit ins Meer. Anscheinend in Neuseeland.

Der 19. Mann, der ein Freak ist

Ein schönes Familienalbum

Klara (37), Galeristin, Genf,
über ihre freundschaftliche Beziehung mit
Hanno (36), Tennislehrer, Genf

Wenn man als Frau mit einem Mann befreundet ist, und ich meine wirklich nur befreundet, dann bringt das einige Vorteile mit sich: So ein Wesen ist Therapeut, Installateur und Automechaniker in einem. Ich hatte so einen Freund. Bis vor Kurzem, zumindest. Was unsere Freundschaft zerstört hat? Nein, der Sex war es nicht. Es war ... doch dazu später.

Hanno und ich lernten uns auf dem Tennisplatz kennen. Ich sprang bei einem gemischten Doppel für eine Freundin ein, die sich den Fuß verstaucht hatte. Mit ihrem Mann spielte ich nun gegen Hanno und seine Schwester. Es war dieser seltene Moment zwischen zwei Menschen, wo die Sympathiefunken nur so sprühen. Aber es war, und ich könnte schwören, auch bei ihm, nicht das sexuelle Begehren, sondern einfach ein Gefühl der Vertrautheit und Sicherheit, das einem sonst nur Geschwister und sehr, sehr gute Freunde geben können.

Von da an trafen wir uns jede Woche, gingen ins Kino, Kaffee trinken, besuchten Theaterpremieren, spielten Tennis, machten einfach alles, was Freunde eben so machen. Klar, niemand nahm uns ab, dass wir kein Paar waren oder zumindest nicht hier und da mal Sex hatten. Es wäre ja auch nicht so abwegig gewesen, und alle Anzeichen sprachen dafür: Wir waren beide Singles, und rein äußerlich harmonierten wir so sehr, dass es uns manchmal selbst Angst machte.

Aber: Hanno zeigte nicht das geringste Interesse an mir als Frau. Er sah mich *nie* mit diesem schmachtenden Blick an, den Männer haben, wenn ihnen eine Frau gänzlich die Sinne vernebelt. Ich ertappte ihn *nie* dabei, dass mich seine Augen verstohlen musterten und dann, wenn ich hineinblickte, verschämt auf dem Tisch ausruhten.

Hanno machte all das, was Männer tun, wenn sie nicht verliebt sind. Er erzählte mir von seinen amourösen Abenteuern, und ich überschüttete ihn mit meinen. Unsere Ohren saugten jede noch so unbedeutende Kleinigkeit des anderen auf. Ausgeschlossen! Da gab's keine Gefühle, die sich unterhalb des Nabels abspielten.

Eines Tages fragte mich Hanno, ob ich für ihn eine Woche lang seine Pflanzen hüten würde, da er in ein Tennis-Trainingscamp an den Gardasee fuhr. Natürlich tat ich ihm den Gefallen und sperrte schon am zweiten Tag seiner Abreise die Tür zu seiner Wohnung auf, um mich um Ficus, Kaktus und Hibiskus zu kümmern.

»Typisch Hanno«, dachte ich laut, als ich über die Schwelle trat. Seine Wohnung war aufgeräumt wie immer, so als ob gleich das Ikea-Kreativteam reinschneien würde, um für den neuen Katalog zu fotografieren. Die Gießkannen, drei verschiedene Größen standen zur Auswahl, hatte er wie die russischen Matrjoschka-Puppen ineinandergeschachtelt. Ich entschied mich für die kleinste und wandelte nun mit dem Wasser von Zimmer zu Zimmer, dann auf den Balkon. Als Letztes knöpfte ich mir sein Schlafzimmer vor. An der Wand gegenüber dem Bett zierte ein palmenartiges Gewächs eine flache Kommode aus dunkelbraunem Holz.

Ich bohrte einen Finger in die Erde – noch feucht – und dann öffnete ich von Neugierde getrieben die oberste Schublade. Unterwäsche in Schwarz und Weiß – langweilig. Nächste Lade: Gürtel in verschiedenen Brauntönen – langweilig. Letzte Schublade: verschiedene Männerzeitschriften und Pornohefte – spannend. Was der feine Herr da wohl bevorzugte? Beherzt griff ich hinein und hob einen dicken Stapel an Heften heraus. Sofort sprang mich eine dralle Blonde mit Korkenzieherlocken auf dem Kopf und Krause im Schritt an. Mit einer Tasse Kaffee und ein paar Keksen setzte ich mich samt der Lektüre an den Esstisch. Ich ließ die Seiten der obersten Zeitschrift rasch durch meine Finger laufen und bemerkte, dass einige Stellen durch die Schere verunstaltet waren.

Ich sah genauer hin. Eine sehr weiße, etwas fülligere Dame in schwarzen Strapsen kniete auf allen vieren wie ein Hund am Boden, sodass ihre großen, mit blauen Adern durchzogenen Titten beinahe den Perserteppich unter ihr berührten. Das Komische daran: Ihr fehlte der Kopf. Der war ausgeschnitten, und stattdessen war von der anderen Seite ein Gesicht aufgeklebt, das definitiv nicht zum Körper passte. Der Hautton ging mehr ins Rotbraune – *oh mein Gott*: Es war Hanni, die Kantinenfrau von unserem Tennisverein. Das war doch wohl nicht sein Ernst! Abgesehen davon, dass diese Collage mich bis ins Knochenmark schockierte, rätselte ich, warum Hanno gerade *sie* für seine Sexfantasien auserkoren hatte. Hanni war verheiratet, Mutter dreier Kinder und entsprach optisch nicht gerade – sagen wir mal – den durchschnittlichen männlichen Wichsvorlagen. Ihr Gesicht war lang und hager und wurde, wenn sie sich darüber aufregte, dass die Tennisspieler überall die Trinkdosen stehen ließen, rot und trocken, und ihre Aknenarben traten unter dieser Gefühlswallung noch stärker hervor. Ich blätterte schnell weiter.

Ein paar Seiten später wurde es noch gruseliger. Patricias Kopf mit Blumenkranz im Haar, ausgeschnitten aus einem Hochzeitsfoto mit Oliver, einem langjährigen Freund von Hanno, klebte auf einer silikonbusigen Domina in Lack-BH und schwarzem Lackhöschen, das im Schambereich mit roten Lederschnüren zusammengehalten wurde. Mir ihren krallenartigen Fingern hielt sie eine Peitsche fest. Das fand ich dann doch nicht so passend.

Gut, Patricia gibt gerne mal den Ton an, aber dass Hanno sie gleich als Herrin der Finsternis sah?

Zeitschrift für Zeitschrift arbeitete ich mich durch. Das Schnittmuster zog sich mit sämtlichen Frauen aus seinem Freundes- und Bekanntenkreis durch alle Ausgaben.

Ich schnappte mir die restlichen Pornos aus der Kommode und entdeckte eine Person, die mir vorher noch nicht untergekommen war: nämlich mich selbst – auf einem Cover. Immerhin hatte ich einen Ehrenplatz ergattert. Als griechische Göttin lehnte ich mit dem Arsch an einer Säule. Über meinen knackigen Busen und zwischen den Beinen schlängelte sich taufrischer Efeu. Das fast schon künstlerisch wertvolle Bild wurde durch mein völlig deplatziertes Porträt überschattet. Mit feuchtem, erhitztem Gesicht und neonpinkem Stirnband im Haar vertrat ich Aphrodite nicht gerade würdevoll. Ich hatte gerade ein Tennisspiel gewonnen, schwitzte und lächelte. Hätte Hanno kein besseres Foto nehmen können?

Angewidert wischte ich mir imaginären Dreck von den Händen an meiner Jeans ab und verstaute die Zeitschriften wieder in der Lade. Danach lief ich sofort ins Badezimmer und schrubbte meine Hände mit Wasser und Seife. Ein Ekel auf Hanno wuchs in mir mit jeder Minute, die ich länger in seiner Wohnung verbrachte. Ich musste weg von hier, schlug die Tür mit solcher Wucht zu, dass ein greller Hall durch das Gebäude zog. Mit Riesenschritten stürmte ich aus dem Haus.

Ein paar Tage später kam Hanno wieder zurück. Schon am Vorabend meldete er sich per SMS an und schrieb, dass er sich schon wahnsinnig auf ein Wiedersehen freue. Zum ersten Mal, seit wir befreundet waren, reagierte ich nicht darauf. Auch seine Telefonanrufe ließen mich kalt.

Zwei Tage später stand er in meiner Galerie.

»Darf ich fragen, was das soll, Klara? Warum antwortest du nicht auf meine Anrufe? Warum gehst du mir aus dem Weg? Warum hast du meine Yuccapalme ertränkt?« Es war nicht zu übersehen. Hanno war ziemlich wütend.

»Tut mir leid wegen der Pflanze.«

»Vergiss die Pflanze. Was ist los mit dir?« Die Galeriebesucher schauten sich schon irritiert um.

»Nicht hier, Hanno! Vor den Leuten!«, zischte ich und zog ihn in mein Büro.

»Ich hab sie gesehen«, sagte ich und schloss die Bürotür.

»*Was* hast du gesehen?«

»Deine Pornohefte.«

»Was? Du warst an meiner Kommode?« Hanno sackte auf dem Stuhl zusammen. Er ließ den Kopf sinken, hob ihn schwermütig wieder hoch. »Warum hast du das getan, Klara?«

Für einen Moment bekam ich ein schlechtes Gewissen, fing mich aber bald. So weit kommt's noch, dass er den Spieß umdrehte!

»Mein Gott, ich war halt neugierig. Und ich bin auch froh darüber. Sonst wäre ich doch nie auf dein krankes Hobby gestoßen!«

»Wieso krank? Das sind einfach nur Fantasien. Ich schlafe doch nicht mit diesen Frauen!«

»Aber dich geilt ja jede auf! Ist das normal?«

Hanno zuckte nur mit den Schultern.

»Was ist mit mir? Hab ich einen Sonderstatus, weil ich auf dem Titel klebe? Wie oft wichst du zu mir? Los! Sag schon!«

Nervös und angespannt strich er sich eine Haarsträhne hinters Ohr.

»Was spielst du mir zwei Jahre lang vor? Freundschaft! Dass ich nicht lache!«

Hanno blieb weiter stumm. Stattdessen ließ er Taten sprechen und ging zur Tür raus.

Es war das letzte Mal, dass ich ihn gesehen habe. Er wechselte zu einem anderen Tennisverein. Neues Spiel, neue Frauenköpfe.

Der 20. Mann, der ein Freak ist

Bis dass der Tod uns scheidet

Sandra (25), Dissertantin und Angestellte, Kärnten,
über ihre Beziehung mit
Navid (23), Glasfacharbeiter, Kärnten

Männer sagen schwer »Ich liebe dich«? Für diese Vorurteile habe ich nur ein müdes Lächeln. Meine Erfahrungen sagen mir etwas anderes. Zumindest seit ich mit Navid zusammen bin.

Mein Freund ist ein Mann, den man sich als Frau nur wünschen kann. Zärtlich, einfühlsam, sensibel, romantisch. Ja, ja – das neidische Seufzen einiger Damen fliegt mir schon um die Ohren. Ich kann dazu nur eins sagen: Jede Frau sollte froh sein, wenn sie nach Hause kommt und ihren Mann rülpsend, schlaff und Bier trinkend vor dem Fernseher vorfindet. Und nicht steif und aufrecht im Smoking an dem üppig gedeckten Tisch mit Rosenblättern, Kerzen, Champagner und Lachsbrötchen.

Klar, als Navid mich bei unserem ersten Date damit überraschte, glaubte ich mich auch auf einem weit entfernten Stern wiederzufinden. Er war smart und schien wie aus der Vergangenheit, wo man noch mit Kutschen fuhr, in die Gegenwart hineingeschleudert. Kennengelernt haben wir uns aber ganz neuzeitlich, über das gute alte Internet. Aus Versehen – ich dachte, er sei ein alter Schulkollege von mir – fügte ich ihn zu meinen Kontakten bei Facebook hinzu, und wir schrieben uns eine Weile hin und her. Seine feine Ausdrucksweise beeindruckte mich, und die fast wie ein Beethoven-Klavierkonzert klingenden Zeilen betörten mich. Da ich so rasch wie möglich überprüfen wollte, ob er die gesprochenen Worte genauso virtuos einsetzte, schlug ich ein

Treffen vor. Wir dinierten – wie er es ausdrückte – und machten danach einen gepflegten Spaziergang um den See. Wie es der Zufall wollte, strahlte in dieser Nacht der Mond wie auf Bestellung so hell, dass es mir beinahe Angst machte. Ein warmer Mantel aus Friede und Geborgenheit legte sich über meine Schultern. Ich sah meinen Mister Romantico an und schon war ich seinem langen, milde lächelnden Gesicht verfallen und seinen unglaublich sensiblen Zügen, die er von da an jeden Tag mehr sprechen ließ. Einmal bekam ich – einfach so – einen Strauß roter Rosen ins Büro geschickt, ein anderes Mal hatte er mir – einfach so – eine CD mit den schönsten Liebesliedern zusammengestellt. Dann wieder steckte er mir heimlich handgeschriebene Liebesbriefe in die Tasche.

Nach einem Monat hatte ich jedoch eine Überdosis: an Romantik, an CDs, an Briefen, an Blumen, an Geschenken, an Abendessen im Kerzenschein. Was Männer normalerweise in zwanzig Jahren Ehe nicht auf die Reihe kriegen, hatte Navid binnen kürzester Zeit meinem Herzen serviert. Ich konnte nicht mehr. »*Bitte*, gehen wir heute einfach zu einem Würstelstand«, flehte ich ihn an, als er mich wieder, was weiß der Teufel wohin, zum Dinner ausführen wollte. Als sich meine Zähne genüsslich in die Frankfurter hackten, sagte ich ihm etwas, von dem ich nie gedacht hätte, dass ich es je zu einem Mann sagen würde, und dazu noch mit vollem Mund: »*Bitte, bitte*, schalte einen Gang zurück. Keine Blumen mehr, keine Geschenke mehr. Du musst mich nicht mehr erobern.«

Aus Navids dunklen Augen sprach Unverständnis. Seine Reaktion auf meinen Wunsch kam am Tag darauf in Form eines Baums. Er nahm mich an der Hand und führte mich in den Park, wo ich regelmäßig joggte. Mitten auf dem Rasen drückte er mich in die Knie und deutete auf ein zartes, unscheinbares Pflänzchen, das aus dem kurzen Gras hervorschaute. »Diese Linde habe ich gestern gepflanzt. Sie steht für unsere Liebe, die mit jedem Tag wachsen und gedeihen soll, Sandra«, er zog mich mit beiden Händen wieder hoch, »ich liebe dich. Du bist die Frau meines Lebens.«

Mir blieben die Spucke weg und der Mund offen stehen. Auf welch seltene Spezies Mann war ich da gestoßen? Wenn dir jemand eine solche Liebeserklärung, nach so kurzer Zeit, macht, bist du überwältigt. Auch wenn man wie ich eher unromantisch veranlagt ist.

Nach ein paar Monaten beschlossen wir, zusammenzuziehen. Unsere Beziehung lief hervorragend, obwohl Navid auf dem Romantiklevel der Rosen- und ich der Kaktustyp war.

Es dauerte nicht lange, da war ein passendes Heim gefunden. Mein Freund war – und das muss ich wirklich sagen – fantastisch in dieser Zeit. Er regelte einfach alles. In aller Herrgottsfrühe trabte er ins Möbelhaus, um genau *das* Bett zu holen, das mir im Katalog schon so gut gefallen hatte, kümmerte sich um sämtliche Handwerksarbeiten, zauberte harmonische Lichtspiele in die Räume. Ich bin das erste Mal mit einem Mann zusammengezogen, und wenn das immer *so* abläuft, könnte ich halbjährlich umziehen.

Als wir die Premieren-Nacht in unserer neuen Wohnung verbrachten, wandelte ich auf Rosenblüten den Weg ins Badezimmer entlang, wo Navid schon mit Schaum im Wasser und im Champagnerglas auf mich wartete. Das war genau die richtige Portion Romantik, die auch mich überwältigte. Vor allem auch deshalb, weil Navid während des ganzen Umzieh- und Einrichtungsstresses keinerlei gefühlsduselige Anfälle übermannten. Auch sein Vorhaben, den Baum unserer Liebe jede Woche mit unserem gemeinsamen Erscheinen zu beglücken, vergaß er. Doch das Wasser in der Wanne schwemmte den Dreck von seiner Haut, und die Erinnerung wieder in sein Gedächtnis.

»Schatz, morgen müssen wir unbedingt zu unserem Lindenbaum«, sprudelte es aus ihm heraus.

»Ja, *unbedingt*. In den paar Wochen ist daraus sicher ein mächtiger Stamm geworden.«

Navids Blick verriet, dass es nicht angebracht war, darüber Witze zu reißen.

»Meinetwegen. Aber später gehe ich mit einer Freundin noch ins Kino«, sagte ich.

Zufrieden prostete er mir mit schaumweißer Hand zu.

Pünktlich um fünf blickten wir beide am nächsten Tag, wie bei der Gräbersegnung zu Allerheiligen, auf unseren Lindenbaum. Mir entwich nur ein kurzes: »Hm.«

Navid holte ein Maßband hervor, hockte sich zum Pflänzchen und überprüfte die Wuchsfreudigkeit unserer Liebe. »Schatz, schon über zwei Zentimeter mehr.«

»Hm.«

»Ich liebe dich.«

»Hm. Ich muss ins Kino.«

»Sandraaa!«

»Jaja. Ich dich auch«, sagte ich beiläufig, drückte ihm einen Kuss auf den Mund und verschwand im Auto.

Obwohl eigentlich eine Liebeskomödie auf dem Programm stand, flehte ich meine Freundin an der Kinokasse an, doch mit Horror den Abend ausklingen zu lassen.

Wieder zu Hause, lachte mir der Grusel aus dem Kühlschrank erneut entgegen, als ich mir noch einen Joghurt gönnen wollte. Navid hatte drei Becher dicht nebeneinandergestellt, Deckel an Deckel, und jeden Becher mit einem Wort versehen. Heraus kam: ICH – LIEBE – DICH.

Wie süüüßßß!

Ja, wäre es auch, wenn nicht schon das nächtliche Schaumbad und der nachmittägliche Baumbesuch vorangegangen wären. Mit »LIEBE« in dickem Filzstiftschwarz auf dem Becher schmeckte sogar ein Naturjoghurt süß – zu süß für meinen Geschmack. Am nächsten Morgen bat ich Navid zum zweiten Mal und mit strenger Ernsthaftigkeit, dass er mit seinen Liebesbeweisen besser haushalten solle. Ich quoll über von seiner Liebe, es passte kein einziges Seepicknick oder »Ich liebe dich« mehr in meine Zellen. Das alles sei mir zu sehr Disneyland, zu kitschig, zu unecht. Einmal in der Woche eine romantische Tat reiche völlig aus. Genauso wie ein sparsam gesprochenes »Ich liebe dich«: Und damit meinte ich, dass einmal täglich die Worte aus seinem Mund für meine Hochstimmung absolut ausreichend seien. Andere Frauen kriegten diesen Satz ein ganzes Leben nicht zu hören!

Navid kam meinem Wunsch nach. Von da an umwarb er mich nicht mehr stündlich beim Kartoffelschälen oder beim Fußnägelschneiden mit den drei berühmten Worten, sondern beglückte mich damit nur einmal am Tag. Die restlichen zehn »Ich liebe dich« verteilte er aber stumm in dunklen Buchstaben auf diverse Produkte: auf Gewürzdosen, auf Sojapudding, auf der Spaghetti-Schachtel – überall ICH LIEBE DICH, ICH LIEBE DICH. ICH LIEBE DICH!

Ich konnte diese Worte nicht mehr hören, nicht mehr sehen, nicht mehr schmecken! Wenn Liebe durch den Magen geht, dann kann sie ihn auch gewaltig verderben. Doch weil ich nicht schlafende Hunde wecken wollte und ein geschriebenes Wort weniger nervtötend ist als ein lautes, ignorierte ich seine Schreibwut – vorerst.

Als ich jedoch die Verfallsdaten von der Milch oder den Eiern wegen dem schwarzen Stift nicht mehr entziffern konnte, rastete ich aus. »Wenn du nicht *sofort* damit aufhörst, alles zu bekritzeln, dann ziehe ich aus! Du bist verrückt, vollkommen verrückt! Ich wohne mit einem Verrückten zusammen!«

Navid schaute mich an, als ob ich diejenige wäre, der sie das Hirn amputiert hatten. »Ich weiß nicht, was dein Problem ist, Sandra. Einem Menschen kann man doch gar nicht oft genug ›Ich liebe dich‹ sagen. Du bist doch die Verrückte von uns, weil du Angst vor Emotionen hast. Hast du mir je einen Liebesbrief geschrieben? Wann hast du zu mir einmal nur ›Ich liebe dich‹ gesagt? Und nein! Ich dich auch, zählt nicht!«

Ich hielt ihm die Sechserpackung »Ich liebe dich«-Eier vor die Nase, nahm drei Eier aus der Schachtel und schleuderte mit jedem Ei ein Wort zu Boden. Vor seinen Füßen lag nun ein »Ich liebe dich« aus Dotter und Eiklar. Navids Entsetzen hielt mir mein durchgeknalltes Verhalten erbarmungslos vor Augen. Ich werfe meinem Freund tatsächlich vor, dass er mich liebt und mir das auch zeigt? Die Beschämung stieg mir heiß ins Gesicht. Ich fühlte mich miserabel. Ruhig entfernte Navid das Eiergemetzel mit Papiertüchern, ich ging währenddessen wie hypnotisiert ins Schlafzimmer und setzte mich aufs Bett. Aufrecht, die Hände ruhten schwer auf meinen Oberschenkeln, starrte ich die weiße Wand vor mir an. Mein Kopf schien wie ein Vakuum, nur Leere war da, ich spürte nichts. Behutsam senkte sich die Bettdecke neben meinem Schenkel, Navid hatte sich gesetzt und legte seine Hand auf meine.

Ich sah ihn an, und zum ersten Mal floss »Ich liebe dich« aus meinem Mund und meinen Augen. Wortlos wischte er mir eine Träne von der Wange und drückte mir einen Kuss auf den Mund. »Ich liebe dich auch.«

Unsere Gefühlswelten näherten sich endlich an. Navid hörte mit der Beschriftungsorgie auf und klebt jetzt nur noch ab und zu ein »Ich liebe dich«-Post-it an die Kühlschranktür oder an den Badezimmerspiegel. Er sagt diese Worte nur noch, wenn sie aus ganzem Herzen kommen, und nicht, um den Satz »Ich mach mir ein Wurstbrot« zu verlängern.

Navid sah auch ein, dass der Linden-Liebesbaum nicht schneller wächst, wenn wir wöchentlich dabei zusehen.

Ein kleiner romantisch-schauriger Rückschlag erschütterte mich aber vor einiger Zeit bis auf die Knochen: Er teilte mir aufgeregt mit, dass er soeben beim Pfarrer war und für uns ein Doppelgrab reservieren lassen hat. Mein Gott, wir sind ja noch nicht mal verheiratet!

Der 21. Mann, der ein Freak ist

SCHWEIGEN IST GOLD, AUCH IM BETT

Astrid (30), Moderatorin, Wien,
über ihre Beziehung mit
Gunther (40), Frauenarzt, Wien

Es ist kein gutes Omen, wenn ein Mann zuerst in deine Muschi sieht, und erst dann in deine Augen. In der für Frauen unangenehmsten Position, auf dem Gynäkologen-Stuhl, habe ich mich Gunther weit geöffnet.

Mein Arzt des Vertrauens war gerade im Urlaub und ich im Besitz einer hartnäckigen Pilzinfektion.

Als ich Gunther hinter seinem Tisch sitzen sah, wollte ich auf der Stelle kehrtmachen. Er war ein Bild von einem Gott in Weiß: schön geschwungene, volle Lippen, treuherzige, samtbraune Augen, die von stark verzweigten Lachfältchen umrahmt waren, und ein Lachen, das von so tief kam, dass ich wie angewurzelt war und mich nicht mehr bewegen konnte.

Wie kann *so* ein Mann der Frauenwelt antun, Gynäkologe zu werden? Jetzt verstand ich auch, warum das Wartezimmer gerammelt voll war. Alle Patientinnen waren herausgeputzt, als ob sie auf einen Ball gehen würden. Wenn das Piepen der Sprechanlage das Rascheln der Magazine plötzlich unterbrach, wurde es mucksmäuschenstill im Raum und alle lauschten gebannt, welchen Namen Gunther als Nächstes ausrufen würde. Wenn die Auserwählte dann den ihren vernahm, rutschte sie nervös auf dem Stuhl hin, her, vor und zurück und zog sich rasch die Lippen nach.

Nach zwanzig Minuten, wenn sie wieder rausstolzierte, hatte sie ein warmes, feuchtes Gesicht. Ich vermutete mal, dass die Feuchtigkeit auch noch andere ihrer Körperregionen erfasst hatte.

Gunther und ich standen uns also gegenüber und er gab mir die Hand zur Begrüßung. Ich wollte sie gar nicht mehr loslassen. Er verzauberte mich schlagartig. Wie er mir später mal erzählte, war's bei ihm auch Liebe auf den ersten Blick, wohin der auch immer zielte.

In diesem Sekundenbruchteil, wo uns beide der Blitz traf, suchten meine Gedanken eine plausibel klingende Ausrede, warum ich nun wirklich ganz dringend weg musste und auf keinen Fall, wirklich nicht, die Hosen runterlassen konnte. In dem Moment sagte Gunter: »Bitte machen Sie sich frei für mich. Ich meine – untenrum.«

Mist! Was sollte ich jetzt machen? Ich bewegte mich in Zeitlupe zur Umkleidekabine, kämpfte innerlich mit mir und suchte nach einem passenden Fluchtsatz. Mir fiel nichts ein, scheiße!

Da stand ich nun hinterm Vorhang: mit langem T-Shirt – Gott sei Dank hatte ich *das* an und nicht eine bauchfreie Variante –, ohne Unterhose, dafür mit Dellen in meinen dicklichen Oberschenkeln. Oh Gott, wie ich mich schämte! Und *so* sollte ich jetzt raus?

»Sind Sie noch da?«, fragte McDreamy.

»Jaa! Ich komm schon.« Vorsichtig lugte ich aus meiner sicheren Zone hervor – ha –, er saß am Schreibtisch und tippte noch irgendetwas in den Computer. Jetzt aber schnell! Mit winzig kleinen Schritten, das T-Shirt auf beiden Seiten so weit es ging nach unten gezogen, trippelte ich zum Stuhl des Grauens und sprang mit einem Satz auf das kalte Leder.

Da saß ich nun: die Beine weit auseinandergespreizt und Gunther untersuchte mich. Das waren mit Abstand die schrecklichsten Minuten meines Lebens. Mittendrin tauchte sein Kopf zwischen meinen Beinen auf.

»Ist nichts Schlimmes. Nur eine leichte Infektion.«

Ich erwiderte seinen Blick kurz mit einem hochroten »Hm«.

»Gehen Sie morgen mit mir essen?«

Erschrocken und überrascht zugleich sah ich ihn wieder an.

»Hm«, machte ich abermals und wunderte mich, wie er in dieser Situation nur ans Essen denken konnte. Als sein Vorschlag ein Muscheldinner war, wusste ich es.

Zwar verließ auch ich die Praxis mit einem feuchten Körper, aber ich hatte etwas, was den anderen verwehrt geblieben war: Ich hatte den Jackpot geknackt! Einen Aufriss beim Gynäkologen: Das sollte mir mal eine nachmachen!

Unser erstes Rendezvous war witzig und glitschig. Genauso wie seine Zunge, die nach den Austern in meinen Mund glitt. Gunther küsste leider nicht so, wie er aussah. Ziemlich schnell, sehr feucht und seine Zunge rotierte eigenartig.

Aber je öfter wir uns trafen, desto zungenfertiger und trockener wurde sein Mundbereich. Parallel dazu trocknete meine Geduld aus, denn Gunther machte keine Anstalten, mich ins Bett zu zerren. Zwar griff er immer wieder mal an meinen Busen oder zwischen meine Beine, aber das hatte eher etwas von einem Über-die-Schnauze-eines-Mops-Streicheln und war von einem sexuellen Angriff weit entfernt. Nachdem wir schon zum x-ten Mal den Abend miteinander, aber nicht ineinander verbracht hatten, nahm ich die Sache in die Hand und zerrte ihn regelrecht in meine Wohnung rauf. Schon im Vorraum öffnete ich seine Hose und massierte seinen Schwanz und die Eier. Während sich manche Männer spätestens jetzt kaum noch hätten halten können und sich wie verrückt auf mich gestürzt hätten, stürzte seine Erregtheit was weiß ich wohin, auf alle Fälle nicht in seinen Schwanz.

Da half nur noch eins: Blasen! Doch er wollte nicht! Ja, gab's denn so etwas? Das hatte ich ja noch nie erlebt! Gunther stemmte mich mit beiden Händen am Kinn hoch, als ich hungrig seinen Oberkörper hinab küsste. Dann fing er an, mich völlig emotionslos auszuziehen, hob mich hoch und legte mich aufs Bett. Plötzlich entledigte er sich seiner Kleidung und stand nun nackt und mit schlaffem Schwanz vor mir. Er drehte sich um, onanierte mit dem Rücken zu mir, bückte sich zu seinen Hosen runter und holte aus einer der Taschen ein Kondom hervor.

»Lass mich dir helfen«, sagte ich in Anbetracht Gunthers neuerworbener Größe und griff gleichzeitig zu Kondom und Schwanz. Seine Miene verfinsterte sich: »Du bringst mich ganz aus dem Konzept«, sagte er vorwurfsvoll.

»Bitte? Aus welchem Konzept?«

»Psst. Ich kann jetzt nicht reden. Ich muss mich konzentrieren.«

Das Gesicht in Falten gelegt, versuchte Gunther angestrengt das Kondom über den mittelmäßig harten Penis zu streifen. Ich sah nur zu, meinen Mund weit offen.

Mit Kondom und weiter wichsend warf sich Gunther nun auf mich und drang in mich ein. Ich lag regungslos da und starrte die Decke über mir an. Er krallte sich an meinen Schultern fest und stieß kurz – dann kam eine lange Pause – und wieder kurz zu. Nur sein Hintern ging vor und zurück, der Rest seines Körpers blieb starr. Das ging an die zehn Mal so. Ich hörte schon die Staubfusseln am Boden kriechen – so leise war es im Zimmer.

Dann ein Schrei: »Ahhhhhh.«

Gunther war gekommen. Mit seinem ganzen Gewicht sackte er über mir zusammen und brabbelte mir irgendetwas ins Ohr. Dann wurde es totenstill.

»Gunther, Gunther?«

Er war eingeschlafen.

Was war *das* jetzt? Als Sex konnte man dieses Kurzspiel wohl kaum bezeichnen. So ein mieses Gebumse hatte ich noch nie erlebt, wirklich – so mies war's noch nie gewesen. Ich hatte aber auch noch nie einen so schönen Mann im Bett. Vielleicht stimmt die Theorie ja: Schöne Männer sind schlecht im Bett, weil sie denken, dass ihre Attraktivität sie über alles hinwegrettet.

Nach dieser desaströsen Nacht wollte ich nicht einen ebensolchen Morgen folgen lassen, und sprach Gunther auf seine Vorstellung Les Misérables nicht an, noch nicht. Außerdem verdient jeder eine zweite Chance. Dass die sich allerdings erst einen Monat später ergab, fand ich doch sehr bedenklich. Gunther hatte immer nur Zeit zum Mittagessen oder auf einen schnellen Kaffee. Für den Abend hatte er ständig eine andere Ausrede parat, um gemeinsamen Aktivitäten aus dem Weg zu gehen: viele Patientinnen, irgendwelche Geschäftsessen, erhöhtes Geburtenaufkommen.

Als ihm die Ausreden und mir die Hoffnung auf diese Beziehung ausgingen, hinterließ Gunther eine Nachricht auf meinem Anrufbeantworter: Er würde gerne zu mir nach Hause kommen.

Dieses Mal überließ ich nichts dem Zufall. Ich zog die nuttigste Unterwäsche an, die ich besaß, das Kleid darüber betonte Dekolleté und Beine gleichzeitig.

Als Gunther mich so sah, stürzte er sich doch lieber auf das Sushi, das er für uns mitgebracht hatte. Angeschlagen und verzweifelt setzte ich mich ihm gegenüber und sah ihn nur an. Was um alles in der Welt wollte dieser Mann von mir? War ich ihm nicht erotisch genug? Oder sieht man als Gynäkologe vielleicht schon zu viele Muschis, sodass man gar keine Lust mehr darauf hat. So wie Zuckerbäcker, denen es mit der Zeit vor ihren Cremeschnitten auch graut? Während mir ein Gedanke nach dem anderen durch den Kopf jagte, jagte sich Gunther die Futomaki rein. Dann stellte er sich breitbeinig vor mich hin, zog mich an beiden Händen hoch und führte mich ins Schlafzimmer.

»Bitte mache dich frei«, sagte er sachlich, während er sich selbst vor mir auszog.

»Gunther, das gefällt mir nicht.«

»Was gefällt dir nicht?«

»Na, wie wir miteinander Sex haben.«

»Wir hatten ja erst einmal.«

»Eben. Und wenn das wieder so eine Nummer werden soll wie vor ein paar Wochen, dann kann ich gerne darauf verzichten.«

»Aber wieso? Ich bin doch gekommen!«

»Ja, schön für dich! Aber was ist mit mir?«, fragte ich entgeistert. Gunther überlegte kurz: »Du hast recht, Schatz. Ich werde das dieses Mal berücksichtigen.«

Kurz darauf lag ich nackt auf dem Rücken im Bett und Gunther nackt auf mir. Er drückte mich mit seinen Lippen in das Kopfkissen und küsste mein Gesicht ab, dann den Hals, die Brüste und ich dachte: »Ha, heute wird's was, heute wird's was!«

Doch auf der Höhe des Bauchnabels machte er plötzlich halt und küsste sich wieder nach oben. Ich baute mit meinen Handflächen unter dem Busen eine Mauer und als sein Kopf sich daran stieß, schob ich ihn mit aller Gewalt nach unten, bis sein Kinn auf meinem Muschihügel zum Liegen kam.

»Spinnst du! Was soll denn das?«, schrie Gunther, als ob ich eine Zigarette auf seiner Stirn ausgedrückt hätte. »Tu das nie wieder!«

»Aber ...« Jetzt reichte es *mir.* »Wieso leckst du nicht? Bei einem Eis schaffst du's ja auch!« Ich konnte nicht glauben, was ich da eben sagte oder dass ich es überhaupt sagen musste. Bis jetzt hatte sich noch kein Typ Oralverkehr entgehen lassen. Auch im umgekehrten Fall. Den Schwanz wollen sie einem immer zuerst in den Mund stecken!

»Ich muss doch sehr bitten! Raffinessen im Bett lehne ich zutiefst ab!«

»Lecken nennst du raffiniert? Du machst doch keinen Handstand dabei!«

»Ich werde mit dir darüber nicht diskutieren, Astrid. Für mich gibt's einzig und allein die Missionarsstellung. Kein Oralsex, keine ausgefallenen Positionen, kein Sexspielzeug. Kann ich jetzt bitte weitermachen?« Ich war so perplex, dass mir die Worte fehlten. Die würden danach hoffentlich wiederkommen. In dem Moment dachte ich nur: »Augen zu und durch.«

Alles lief wie beim ersten Mal ab. Nur Gunthers Rammelminuten erhöhten sich. Er vögelte wieder wie ein Kaninchen drauflos – wobei als Karnickelsex konnte man das im Grunde gar nicht bezeichnen, da er seinen Hintern im Schneckentempo vor und zurück bewegte. Das Ganze war eher ein Karnickel-kurz-vorm-Abkratzen-Sex.

Wie auch immer: Nach fünf Minuten war der Spuk vorbei und Gunther glitt klitschnass von mir runter. Erschöpft lag er auf dem Rücken, ein kurzes Lächeln huschte über sein Gesicht und er brabbelte leise, aber doch hörbar, immer wieder vor sich hin: »Arampadapampa orgasma hoppaboppa wasma hamma orgasma, arampadapampa orgasma hoppaboppa wasma hamma orgasma …« Fünf Minuten ging das so. Danach schnappte er sich die Bettdecke, wickelte sich darin ein, machte zwei Mal »jam, jam« und fiel in einen Tiefschlaf. Im Gegensatz zu mir: Ich machte die ganze Nacht kein Auge zu und bedauerte mich selbst, dass gerade *er* sexuell völlig gestört war. Sonst lief es doch hervorragend zwischen uns.

Ich wollte auf keinen Fall zu schnell die Flinte ins Korn werfen, dieses Mal nicht. Für guten Sex braucht es ja auch Vertrauen, Zeit und das Sprechen darüber. Das tat ich auch, als wir an einem schwülen Sommertag bei Bananensplit und Früchtebecher saßen. Mitten während des Aufzählens ausgefallener Babynamen, mit denen die Kinder ein Leben lang bestraft sind, und dem Ablästern über nervige Kollegen wurde mein Tonfall vertraulicher: »Unser Sex, Gunther …«

Sobald ich dieses Wort in den Mund genommen hatte, quetschte er meine Hand zusammen, als ob er mich damit zum Schweigen bringen wollte. »Nicht hier, Astrid.« Verstohlen schaute er sich nach allen Seiten um, ob wohl niemand unser Gespräch mitverfolgen könnte. Verärgert befreite ich mich aus seinem Griff. Bevor ich das Thema mit einem weiteren Wort ansprechen konnte, war Gunther, wie von der Tarantel gestochen, aufgesprungen, hatte das Geld auf den Tisch gelegt und sagte nun ziemlich unfreundlich und ohne mich dabei anzusehen: »Ich melde mich.«

Da saß ich nun: So schlau wie vorher, zwar mit keiner Banane mehr, dafür hatte ich aber immer noch zwei Kugeln Vanilleeis.

Gunther rief mich noch am selben Abend an. Doch ich ging nicht ans Telefon. Ich war sauer. Meine Laune hob sich auch nicht wesentlich, als er nach dem zweiten erfolglosen Anruf eine Mail hinterherschickte: »Tut mir leid. Lass uns heute Abend darüber reden. Ich komme vorbei.«

Als ich ihm die Tür aufmachte, stürzte er sich wie ein Geier auf mich und saugte sich in meinem Fleisch am Hals, neben dem Schlüsselbein, fest.

»Jaaa, weiter«, schrie ich freudig erregt und dachte gleichzeitig: »Heute bekomme ich endlich *meinen* hoppaboppa orgasma!«

Doch die Realität missionierte und belaberte mich wieder. Dieses Mal waren es aber sage und schreibe 15 Minuten, in denen er sein »Arampadapampa orgasma hoppaboppa wasma hamma orgasma« vor sich hin laberte. Ein Unterbrechen dieses gebetsartigen Monologes war unmöglich. Wie in Trance lag Gunther währenddessen auf dem Rücken, der Körper war steif, der Schwanz hing schlaff zur Seite, nur der Mund bewegte sich. Weder ein Rütteln an seiner Schulter noch ein »Gunther!« in sein Ohr irritierten ihn. Langsam bekam ich es mit der Angst zu tun. Ehrlich, ich hätte einen Arzt geholt, wenn ich nicht einen neben mir liegen gehabt hätte. Danach schlief er wieder ein. Ich kam mir wirklich verarscht vor. Dabei ging es mir nicht mal um den schlechten Sex, sondern darum, dass Gunther dieses Problem einfach unter den Teppich kehrte. Deshalb entschloss ich mich, ebenso wortlos aus der Beziehung zu schleichen.

Doch bevor ich das tat, gewährte ich ihm ein letztes Mal Eintritt und nahm das Sprachgemix aus Babylauten und Latein auf Band auf – sage und schreibe zwanzig Minuten dauerte sein drittes Selbstgespräch!

Meine Freundinnen und ich rätseln heute noch, was das wohl zu bedeuten hatte. Zwei Theorien blieben übrig: Er war entweder so stolz auf seine sexuelle Leistung und einen erfolgreichen Orgasmus, dass er diese Geräusche von sich gab, oder er fühlte sich so wohl bei mir, dass er danach wie ein Baby, das sich gerade an der Mutterbrust satt getrunken hatte, zufrieden vor sich hin lallte.

Ach, im Grunde genommen ist es auch scheißegal. Heute bin ich glücklicher Single. Die Einzige, die mir nun was ins Ohr brabbelt, ist meine neun Monate alte Nichte.

Der 22. Mann, der ein Freak ist

Zwei Bräute sind eine zu viel!

Ina (35), Kindergärtnerin, Wiesbaden,
über ihre Beziehung mit
Walter (35), Gärtner, Wiesbaden

Als mir meine Freundinnen zum Geburtstag einen Gutschein für ein Flirtseminar schenkten, wollte ich sie umbringen. Peinlicher geht's ja wohl kaum: Man sitzt mit einem guten Dutzend Singles in einem Raum, die es nötig haben, zu lernen, wie man erfolgreich mit den Wimpern klimpert. Na, danke!

Aber – ich ließ mich überreden. Meine letzte Beziehung war schließlich schon fünf Jahre her und in meinem Job lernte ich nur Frauen kennen oder hier und da einen gestressten Familienvater. Also mussten eh neue Aufrissmöglichkeiten her.

In einem eleganten Saal einer Tanzschule saßen wir nun alle: zwanzig Leute, davon 14 Frauen. War ja eh klar, dass wir wieder in der Überzahl sein würden. So wie beim Autofahren glaubt fast jeder Mann, dass er es draufhat. Der Flirtlehrer, ein gepflegter, muskelbepackter Glatzkopf, stand mit seinem Flipchart in der Mitte des Raumes und gab mit rauchiger Stimme unheimlich interessante Sätze von sich. Wir umkreisten ihn wie die Geier, begierig lauschten wir seinen Worten, inhalierten jedes Detail: Wie denn nun der perfekte Small Talk ausschaute, oder wie man ohne Scheu auf fremde Menschen zuging und – darauf hatte ich schon mein ganzes Leben lang gewartet – als Höhepunkt gab's eine astrologische Kurzberatung für die günstigsten Flirtzeiträume. Ja, dieser Flirtlehrer war unser Messias, der Robin Hood der verzweifelten Singles.

Am Ende eines langen Tages schaltete er Musik ein und befahl uns, die Stühle zur Seite zu schieben und zu tanzen, um so den Beginn unserer neuen Lockerheit gegenüber dem anderen Geschlecht einzuläuten.

Nach ein paar Minuten unauffälligen und unmotivierten Hin-und-her-Steigens von einem Bein auf das andere marschierte Walter, einer der Seminarteilnehmer, mit stark ausgeprägten O-Haxen, so als ob er gerade von einem Pferd runtergestiegen wäre, auf mich zu. Sein hübsches bebrilltes Gesicht umtanzten wild gekringelte schwarze Locken, er trug eine schwarze Lederjacke mit hellroten Einsätzen an den Schultern und an den Füßen derbe Bikerboots.

»Wenn du mich fragst, ist jetzt ein äußerst günstiger Flirtzeitraum – und zwar für uns beide«, sagte er.

Ich musste lachen.

Nach einer Woche hatten wir unser erstes Date. Und da soll noch einer sagen, Flirtseminare bringen nichts.

Als Walter meinte: »Ich komme dich mit meiner Braut abholen«, dachte ich natürlich, dass er im besten Fall mit Chauffeur und weißer Limousine ankäme. Im schlimmsten Fall würde er tatsächlich mit einer heißen Braut auftauchen und als Einstieg einen flotten Dreier vorschlagen.

So oder so, stakste ich auf 14 Zentimeter hohen Absätzen und in engen Jeans aus meiner Wohnung, meine Verabredung wartete unten auf mich. Lässig lehnte Walter in voller Motorradmontur und mit verschränkten Armen an einer pompösen Maschine – einer schwarz-silbernen Harley-Davidson. Die Chromteile glitzerten mit der untergehenden Sonne um die Wette.

»Darf ich vorstellen, meine Braut«, sagte Walter stolz und verneigte sich so tief, dass er beinahe mit der Nase auf den Asphalt stieß.

»Sexy«, schoss er hinterher und das galt jetzt hoffentlich mir, da er mich mit glühenden Augen von oben bis unten musterte.

»Hier, dein Helm«, sagte er und warf mir das schwarz glänzende Teil zu, auf der Seite war in dunkelgrauer Schrift unauffällig »Harley-Davidson« gedruckt.

»Was? Ich soll da jetzt rauf! In diesen Schuhen!«

»Keine Sorge. Ich hab an alles gedacht«, beruhigte er mich und holte aus seiner schwarzen Satteltasche ein paar Bikerboots hervor.

»Größe 39. Die müssten doch eigentlich passen.«

Misstrauisch roch ich daran. »Wie viele 39er haben denn da schon dringesteckt?«

»Keine. Du wärst die Erste. Die sind nagelneu, genauso wie der Helm.«

Na, dann. »Wohin fahren wir denn?«

»Zuerst mal deine Blumen abholen. Alle haben nämlich nicht in die Tasche gepasst.«

Während der Fahrt schmiegte ich mich fest an Walters ledernen Körper, Benzin, Erotik und Freiheit umschlungen mich.

Walter bremste und bog langsam um die Kurve auf einen Schotterweg, die Steine spritzten zur Seite weg. Vor »Walters Garten« blieben wir stehen. Er hatte sich mit seiner Gärtnerei ein kleines Imperium aufgebaut. Statt eines einfachen Glashauses stand da ein weitläufiges Herrenhaus mit riesengroßen Fenstern, die fast bis zum Boden gingen. Im Inneren gediehen in den lichtdurchfluteten hohen Räumen die exotischsten Pflanzen und Palmen, die ich je gesehen hatte. Dazwischen abstrakte Gemälde und exklusive Gartenmöbel. Sogar ein Kaffeehaus war hier untergebracht. Walter nahm mich bei der Hand und führte mich in den Zitronen- und Orangengarten. Jeder der Bäume, die unterschiedlich groß waren – die meisten aber über zwei Meter –, wuchs aus einem lachsfarbenen Keramiktopf, der mit orientalischen Mustern verziert war.

In der Mitte des Raumes stand ein kleiner Tisch mit einer kunstvollen Mosaikplatte. Darauf zwei Teller, gut befüllt mit

Ravioli, darüber geriebener Parmesan, zwei Weingläser und eine Flasche Chianti. Eine dicke aquarellfarbene Kerze, die ruhig vor sich hin flackerte, vermischte sich mit der Abenddämmerung und tauchte den Garten in ein rotes Licht.

Galant rückte Walter mir den Stuhl zurecht: »Ich kann nicht glauben, dass du es nicht vergessen hast«, war ich begeistert. Denn bei einem unserer stundenlangen vorangegangenen Telefonate hatte ich mal erwähnt, dass kalte Ravioli mit Parmesan meine Henkersmahlzeit wären.

Es war das beste Date, das ich seit Langem hatte, nein – das ich überhaupt je hatte. Den Abschluss dieses vollmundigen Abends bildete mittelprächtiger Sex. Prächtig war eher der Himmel im Garten. Es war, als ob uns hundert gelbe und orangefarbene Monde und Walters Motorrad, das er vorher noch schnell wegen dem sanften Nieseln hereingeschoben hatte, dabei zusahen.

Wochenlang ging es dann so weiter, wir verbrachten tolle Abende, Nachmittage, erzählten uns alles, was man sich halt so erzählt, und hatten Sex. Von da an ausschließlich in meiner Wohnung, seine bekam ich nie zu sehen.

Eigenartig war auch, dass Walter danach immer sofort verschwand. Vielleicht eine Stunde unterhielten wir uns noch im Bett, dann zog er sich an und rauschte auf seiner Harley davon. Er sagte, dass er eine Katze hätte und sie schließlich füttern müsse. Das war einleuchtend und aus Bequemlichkeit war's mir in meinen eigenen vier Wänden eh lieber – schlussendlich war's mir egal.

Nach zwei Monaten Beziehung ließ sich eine Übernachtung in seinem Haus allerdings nicht vermeiden, da er den Sechzigsten für seine Mutter ausrichten wollte. Ich bot ihm meine Hilfe an und läutete schon am Vormittag an seiner Tür, einmal, zweimal, dreimal. Keiner da? Um mich zu vergewissern, drückte ich die Türklinke runter und wurde von seiner Harley in Empfang genommen. Gerade wollte ich kehrtmachen, weil ich mich augenscheinlich in der Garage befand, da kam Walter, frisch geduscht duftend, auf mich zugestürmt. »Hey Baby, hier geblieben!« Verwirrt verharrte ich wie angewurzelt und Walter presste seine nassen Lippen auf meinen Mund und seine Hände auf meinen Arsch.

Als er von mir abließ, schaute ich mich in dem Zimmer um. Um jede Resttäuschung auszuräumen, blinzelte ich zweimal und drückte die Augen dabei fest zusammen. Eindeutig: Ich war in der Küche. Herd, Geschirrspüler, Kaffeemaschine und die Harley.

»Was macht dein Moped hier?«, fragte ich Walter noch immer irritiert. Sein Blick wurde so eisig, dass sich die Duschwassertropfen auf seinem Gesicht in kleine Eiskugeln zu verwandeln schienen. »Sag *nie*, *nie* mehr Moped zu meiner Braut. Das ist doch wohl die größte Beleidigung für meine Schönste!«

»Wie dann?«

»Baby, meine Braut ist ein *Motorrad*, okay!«

»Na gut. Was macht also dein Motorrad in der Küche?«

»Es wohnt hier.«

»Bitte?«

»Ja, warum schaust du denn so komisch? Meine Braut will ich schließlich Tag und Nacht um mich haben!«

»Aha. Wo ist eigentlich deine Katze, zu der du immer gaaanz dringend nach Hause musst?«

Walter versuchte, sich überlegen vor mir aufzubauen, doch auf seinem Gesicht spiegelte sich eine Mischung aus schlechtem Gewissen und Peinlichkeit. »Na gut. Das mit der Katze war gelogen«, nuschelte er kleinlaut. »Ja! Genau dieser Blick von euch Frauen macht mir immer wieder bewusst, dass es keine gute Idee ist, euch die Wahrheit zu sagen. Von dir, Ina, hätte ich allerdings mehr Verständnis erwartet«, redete sich Walter selbst in Rage.

»Aber ich hab doch gar nichts gesagt?«

»Aber *dieser* Blick, *dein* Blick sagt alles!«

Beschwichtigend und bemüht, mein Grinsen zu unterdrücken, meinte ich: »Du hast recht, Schatz. Das ist schließlich dein Haus, wo du machen kannst, was du willst, und wenn du dein Moped in der Küche stehen lassen willst, dann ist es eben so.«

»*Was*, echt jetzt?«, wunderte er sich.

»Ja, echt! Einen Tick hat doch jeder Mensch, nicht wahr?«

»Weißt du, meine Braut lasse ich nicht gerne woanders und schon gar nicht draußen übernachten. In meiner Küche ist sie einfach am besten aufgehoben.«

Ich hörte den Stein der Erleichterung auf den Boden knallen, der sich von Walters Brust löste.

Als der Lieferservice kam und gebackene Hendln, Kartoffelsalat, kalte Vorspeisen und was weiß ich was alles brachte, deckte Walter seine Braut mit einer Plastikplane ab, damit »sie nicht durch einen Fettspritzer entstellt wird«.

Ich sagte dazu nichts und fragte auch nicht nach, warum er sie derweil nicht einfach rausstellte.

Nachdem der letzte Gast gegangen war, legte ich mich in die Badewanne, Walter räumte noch die leeren Bier- und Weinflaschen ins Haus. Eingehüllt in seinen kuscheligen Bademantel wollte ich mir ein Glas Wasser holen. Der Lichtkegel von der Küche fiel auf den Flur, ich tapste ihn langsam entlang, als ich plötzlich Walters Stimme vernahm. Mit wem zum Teufel redete er da? Je näher ich der Tür kam, desto leiser setzte ich meine Zehenspitzen auf den Boden auf. Vor der halb geöffneten Holztüre blieb ich stehen und atmete nun nur noch sanft durch meinen geöffneten Mund, um möglichst unbemerkt zu bleiben.

»Heute hatte ich ja leider keine Zeit für dich. Aber morgen, meine Schönste, morgen machen wir dafür eine lange Spazierfahrt. Meine schöne Braut, du bist doch die Schönste von allen …«

Das durfte doch wohl nicht wahr sein! Dieser Verrückte unterhielt sich doch tatsächlich mit seinem Motorrad. Ich musste mir die Hand vor den Mund halten, um nicht laut loszuprusten.

»Ach, hast du dich verletzt, meine Schönste! Du blutest ja!« Ich hörte, wie Walter das Wasser laufen ließ und mit einem Tuch aufregt ein Chromteil seiner Maschine polierte. »Wenn ich *den* erwische, der dir das angetan hat ... scheiß Rotwein«, murmelte er vor sich hin. Eine Weile tat ich dieses Spektakel meinen Ohren noch an, dann trollte ich mich zurück ins Bett.

Die Hoffnung, dass ich mir das alles nur eingebildet hatte oder die Nachwehen vom Alkohol mich halluzinieren ließen, starb mit der knallharten Realität. Walter sprach mit seinem Motorrad täglich, wie es in einer guten Ehe halt sein sollte. Und, mein Gott, wie er seine Braut aber auch schrubbte und zum Orgasmus, sprich auf Hochglanz, brachte. Akribisch und liebevoll wurde jede noch so kleine Schraube mit Schwamm, Zahnbürste, Lappen bearbeitet, Backofenspray für die Felgen, Silikonöl für die Schläuche, und so weiter und so fort.

Ich sagte oft zu Mister Moped: »Wenn du deine Haut auch so pflegen würdest, dann hättest du bald keine mehr.«

Doch, was soll's? Ich gönnte ihm seinen Spaß.

Nach einem Jahr machte mir Walter einen Heiratsantrag und *das* veränderte alles. Wie bei unserem ersten Date holte er mich mit seinem Moped ab und wir fuhren in die Gärtnerei. Im Zitronengarten warteten schon die kalten Ravioli mit dem Wein auf uns. Wir hatten wieder Sex und nur die gelben, orangefarbenen Monde und sein Motorrad schauten zu.

Nach dem ersten Höhepunkt folgte im Anschluss gleich der zweite. Walter rappelte sich hoch, machte die paar Schritte zu seinem fahrbaren Untersatz und holte aus der ledernen Seitentasche eine blitzblaue kleine Schatulle hervor. Dann ging er, wie Gott ihn schuf, vor mir auf die Knie, öffnete die Schachtel und ein Silberring mit einem Diamanten funkelte mir entgegen. Mit zittriger Stimme fragte er mich, ob ich seine Frau werden wolle. Ich konnte nicht mal schlucken, so trocken war meine Kehle. »Wasser, ich brauche Wasser!«, röchelte ich.

Walter sprang auf, schaute sich hilflos um und schnappte sich dann mein Weinglas. In einem Zug leerte ich es. Selig lächelte ich meinen Moped-Adonis an.

»Also, wenn du dafür …« Doch Walter kam nicht mehr dazu, seinen Satz zu vollenden, meine roten Lippen ließen ihm keine Wahl. Als er so auf mir lag und ich seinen Atem im Nacken spürte, kam mir plötzlich ein erschreckender Gedanke in den Sinn. »Du, Walter, wenn wir heiraten, heißt das doch auch, dass wir zusammenwohnen, oder?«

»Ja, logisch, Baby! Was dachtest du denn?«

»Und wo wohnen wir dann?«

»Na, in meinem Haus natürlich! Was ist denn das für eine Frage?«

Er hob seinen Kopf und sah mich irritiert an.

»Ich werde aber nur deine Braut, wenn deine jetzige Braut aus der Küche verschwindet.« Knallhart, doch es war raus.

Walter wollte gerade zum Gegenschlag ausholen, da tötete ich ihn mit meinem Blick. »Entweder sie oder ich.«

Er rollte die Augen nach oben, überlegte kurz und sagte ebenso schnell: »Einverstanden.«

Was? So einfach ging das! Jetzt war ich doch überrascht. Gut, wir hatten kurz vorher auch Sex.

»A-ber.«

War ja klar, dass noch was kommen würde!

»Dafür ist meine Braut bei der Trauung dabei.«

»Wo soll ich denn sonst sein?«

»Nein, nicht du! Meine Harley!«

»Wie? In der Kirche? Spinnst du!«

»Nein! Ich dachte, wir machen die Zeremonie und alles in meinem Garten.«

»Du bist ja vollkommen wahnsinnig.« Ich atmete fest und mit einem Stoß aus. »Einverstanden.« Kompromisse machen schließlich jede gute Ehe aus.

Tja, und so haben wir dann auch geheiratet. Unter strahlend blauem Himmel, mit vielen Freunden, zwei Trauzeugen, einer zweiten Braut und einem verstörten Pfarrer. Walter hatte seinem Moped dieselbe cremefarbene Schleife um das Lenkrad gebunden wie meinem Brautstrauß und es neben dem Pfarrer platziert. So hatte es wenigstens alles schön im Überblick.

Im Blick habe ich jetzt übrigens jeden Tag auch unser Hochzeitsfoto über der Spüle. Walter hielt sich zwar an unsere Abmachung und verbannte meine Konkurrenz, nicht ohne vorher eine Träne verdrückt zu haben, ein für allemal in die Garage. Dafür hängt nun ein Hochzeitsfoto mit zwei Bräuten in unserer Küche. Damit kann ich leben.

Der 23. Mann, der ein Freak ist

GUTEN APPETIT!

Salome (19), Studentin der Ernährungswissenschaften, Berlin, über ihr Date mit Viktor (22), Biologiestudent, Berlin

Es gibt Dates, aus denen die ganz große Liebe wird, dann gibt es Dates, wo es bei einem Date bleibt, und dann gibt es mein Date mit Viktor.

Wir kannten uns vom Sehen schon seit zwei Jahren. Mal traf man sich in der Uni-Kantine, dann wieder auf einem Studentenfest, ein anderes Mal beim Kaffeeautomaten. Über ein kurzes »Hallo« kamen wir aber beide nicht hinaus. Sein verschüchtertes Gesicht hatte Züge an sich, die ein Feuer in mir entfachten. Doch da gab's nur ein Problem: Ich war ebenfalls schüchtern.

So vergingen Tage, Wochen, Monate, nichts passierte. Meine Flamme war schon fast unter der Aussichtslosigkeit erstickt, da gingen mir vorm Kaffeeautomaten die Münzen aus. Hektisch, den Blick gesenkt, griff ich meine Hosentaschen ab. Wie aus dem Nichts tauchte vor meinen Augen eine Hand auf, die schlanken Finger umfassten eine Euromünze. Ich sah in ein Gesicht und dichte, pechschwarze Wimpern ließen die graugrünen Augen noch mehr leuchten. Ein zaghaftes Lächeln gab eine kleine Zahnlücke frei. Ich strahlte bis über beide Ohren – es war Viktor!

»Darf ich dich einladen?«, sagte er freundlich und warf betont lässig die Münze in den Automaten. Ich grinste noch immer und merkte, wie die Röte auf meinem Gesicht sich langsam in Schweißperlen verwandelte.

»Was darf es denn sein?«, fragte Viktor.

»Äh, Cappuccino. Bitte.«

»Ich bin übrigens Viktor.« Während er mir seine schwitzige Hand reichte, holte er mit der anderen den fertigen Kaffee aus der Maschine. Mein Grinsen wollte einfach nicht aufhören. So sehr ich mich auch bemühte, die Mundwinkel sackten einfach nicht nach unten.

»Salome«, brachte ich gerade noch hervor.

»Weißt du, Salome, jetzt sehen wir uns beinahe jeden Tag, gehen lächelnd aneinander vorbei, finden uns doch eigentlich sympathisch, oder?«

Jetzt nickte und grinste ich.

»Ich denke, es wird Zeit, dass wir uns richtig kennenlernen, fernab der Uni. Lust darauf?«

Ja, und wie! Aber das dachte ich natürlich wieder nur. Grinsen und Nicken sollten als Antwort genügen.

Viktor schlug ein Dunkelrestaurant für unser Date vor. Seiner Meinung nach wüssten wir schließlich schon fast bis ins kleinste Detail, wie wir aussahen, aber der verbale Austausch hinkte dem weit hinterher. So gesehen fand ich seine Wahl spannend. Neben einem sinnlichen Mahl würden unsere Gespräche mit Sicherheit sehr tiefgründig werden. Und wie sie das wurden!

Frank, unser zugewiesener Kellner, führte uns nach einem Aperitif an der hellen Bar ins stockdunkle Restaurant. So sollte es auch für zwei Stunden bleiben. Wir durften an unseren Plätzen nicht rauchen und auch die Handys mussten wir wegen dem leuchtenden Display abgeben.

Der Übergang von der gleißenden Helligkeit in die geheimnisvolle Dunkelheit war wie eine Häutung. Ich fühlte mich nackt, hilflos. Andererseits war eine Schwingung im Raum, die auch meinen Körper erbeben ließ. Beim Hinsetzen streifte ich mit den Fingerkuppen über Viktors Samtsakko und es war, als ob tausend kleine Mücken über meine Haut schwirrten. Viktor roch wundervoll nach Parfum, vermischt mit Wasser und Seife.

Er hatte vorher sicher geduscht, vielleicht sogar ausgiebig gebadet.

Als der Kellner den Wein einschenkte, sagte Viktor: »Ich freue mich schon sehr auf unser Essen. Gerade hatte ich eine Woche lang solch einen hartnäckigen Schnupfen, der nicht abklingen wollte. Meine Nase war dermaßen verstopft, dass ich nichts schmecken, riechen konnte. Das war schrecklich! Kennst du das auch?«

»Was?«

»Na, so einen extremen Schnupfen, dass man in der Nacht aufwacht, weil man schwer atmet, nur trocken durch den Mund, die Augen tränen …«

»Ja, Grippe halt.«

Kellner Frank stellte gekonnt die Vorspeise ab. »Vorsicht, Ihre Brennnesselsuppe. Einen guten Appetit wünsch ich.«

Der kalte Löffel kühlte meine hitzige Hand etwas, eine kleine Prise Viktor schwebte in meine Nase.

»Nicht Grippe! Da ist das Sekret ja klar und wässrig.«

Die Brennnesselsuppe schmeckte göttlich, cremig und doch nicht zu üppig.

»Ich spreche von einem dickflüssigen, gelben Schleim. Bei mir war er dieses Mal nicht gelb, sondern ging schon ins Grünliche über.«

Jetzt war ich froh, dass ich meine Suppe nicht sehen konnte. Dafür schmeckte sie umso intensiver.

»Oh Gott, wie grün dieser Schleim war.«

»*Viktor! Ich esse! Hör auf damit!*«, zischte ich über den Tisch.

»Tut mir leid«, gab er klein bei und gab jetzt keinen Ton mehr von sich. Nur unsere Löffel kratzten schlecht gelaunt auf dem Tellerboden herum. Vielleicht war mein kleiner Wutausbruch doch etwas übertrieben und Viktor nun beleidigt? Ich versuchte die peinliche Leere zu überspielen und sprach ein anderes, Date-tauglicheres Thema an: »Warum studierst du eigentlich Biologie?«

»Warum nicht?«, antwortete Viktor patzig.

»Bist du jetzt sauer auf mich?«

»Nein, wieso?«

Da brachte unser Kellner auch schon die Hauptspeise: Es gab Kürbisgnocchi mit Prosciutto und Rapunzelsalat.

Bevor das Essen richtig begann, war ich schon satt von dieser Verabredung. Mit welch einer Mimose hatte ich es da zu tun?

»Du hast eine wunderschöne reine Gesichtshaut«, unterbrach Viktor unverhofft und mit einem milderen Klang in der Stimme das Schweigen.

»Danke für das Kompliment«, erwiderte ich erleichtert und zugleich erfreut, dass unsere Konversation jetzt endlich in die richtigen Bahnen gelenkt wurde.

»Ach, ich wünschte, ich hätte auch so eine Haut wie du. Doch seit meiner Pubertät produziere ich sehr viel Eiter, ich meine, ich habe riesengroße Eiterpickel, hauptsächlich am Rücken. Wenn ich sie wenigstens vorne hätte, dann könnte ich sie ordentlich ausdrücken, aber so?«

Ich legte mein Besteck zur Seite und nahm einen ordentlichen Schluck vom Wein.

»Weißt du, wie ich das Problem löse?«

»Nein, aber du wirst es mir bestimmt gleich verraten«, sagte ich angefressen.

»Unter der Dusche presse ich meinen Rücken ganz fest gegen die Wandfliesen und zerplatze so ab und zu einen Eiterhügel. Das ist ziemlich praktisch, weil ich den verschmierten Eiter dann gleich wieder abbrausen kann. Ja, und einmal war es sogar besonders arg: Da hat sich auf meinem rechten Schulterblatt ein – kein Scheiß – *zwei* Zentimeter großer Abszess gebildet. Ungefähr so groß wie diese Gnocchi. Den musste ich dann aber chirurgisch entfernen lassen.«

Der Vorteil an einem Dunkelrestaurant ist, dass man das Essen ohne Rücksicht auf irgendwelche Tischmanieren wieder ausspucken kann. Das tat ich dann auch in meine Serviette, nachdem meine Zähne gerade ein Nockerl durchbissen hatten.

Also so etwas hatte ich ja noch nie erlebt! War dieser Typ krank im Kopf? Offensichtlich! Denn sonst würde er ja nicht ständig über Krankheiten reden. Ich überlegte krampfhaft, wie ich mich unbemerkt davonschleichen konnte. Meine Wut hatte schon ihren Siedepunkt erreicht und ich wollte nur noch raus raus raus! Wenn ich wenigstens meiner Freundin eine SMS hätte schicken können, dass sie mich dringend anrufen soll, um mich wegen eines Notfalls von hier wegzureißen. Aber das Handy war ja im Hellen! Verdammt!

Dann hatte ich den Jahrhunderteinfall: »Ahhhhhh«, sagte ich schmerzverzerrt und »ffffff« und zog die Luft dabei zwischen meinen Schneidezähnen, die sich in meine Unterlippe gruben, ein.

»Was ist los?«, fragte Viktor besorgt.

»Ich habe auf einmal wahnsinnige Regelschmerzen. Dieses Stechen, ich muss sofort nach Hause!«

»Ja, selbstverständlich! Frank!« So schnell konnte ich gar nicht *nicht* schauen, da rief Viktor den Kellner heran, der uns nach draußen, ins Helle führte. Endlich weg von Schleim, Eiter und bald auch von Viktor.

Als wir im Auto saßen, legte ich meine beiden Hände flach auf den Bauch und massierte ihn. »Los, fahr so schnell du kannst!«

»Aber klar doch!« Viktor schüttelte besorgt den Kopf. »Mit dem Unterleib ist ja auch wirklich nicht zu spaßen. Nein, wirklich nicht.« Er schnalzte mit der Zunge. »Vor Kurzem hatte ich einen Leistenbruch. Ich sag dir, Salome, meine Eier waren schwarz, richtig blauschwarz und so was von angeschwollen …«

Er ließ mit einer Hand das Lenkrad los und formte die Hand, als ob darin ein schwerer, großer Klumpen liegen würde. Entsetzt starrte ich ihn an und dachte, selbst wenn ich noch auf ihn scharf gewesen wäre, spätestens jetzt wäre ich es bestimmt nicht mehr.

Noch während das Auto vor meinem Haus ausrollte, öffnete ich die Autotür. Kaum standen wir still, drehte ich mich für ein kurzes »Ciao« zu Viktor und sprang heraus. Viktor wollte noch was sagen, doch ich schlug ihm die Autotür vor der Nase zu und rannte, so schnell ich konnte. Bloß weg von ihm!

Am nächsten Tag sah ich ihn in der Uni wieder. Ich versuchte, seinen Blicken auszuweichen, doch keine Chance, er steuerte geradewegs auf mich zu.

»Schneller konntest du gestern wohl nicht von mir wegkommen. Geht's dir heute besser?«

»Was?«

»Na, deine Regelschmerzen. Sind sie vorbei?«

»Ah ja! Ja, danke.«

Nach einer kurzen Pause meinte Viktor: »Ich finde, wir sollten unser Date wiederholen.«

»*Was?*«, platzte es aus mir heraus.

»Du klingst ja nicht sonderlich begeistert ... Ich habe mich auf jeden Fall wunderbar unterhalten. Wie wär's mit nächster Woche, Abendessen?«

»Weißt du was, Viktor«, ich wollte höflich bleiben, schaffte es aber nicht. »Du kannst gern jemand anderem deine Schleim-, Eiter- und Eiergeschichten erzählen. Ich, für meinen Teil, bleibe lieber zu Hause und zähle die Jahresringe auf meinem Holzboden.«

Der 24. Mann, der ein Freak ist

Plastik ist besser als Fleisch

Barbara (36), Architektin, Bonn,
über ihre Beziehung mit
Julian (39), Bankvorstand, Bonn

Eigentlich hätte ich es wissen müssen. Aber hinterher ist man ja immer schlauer.

Unter all den Hochzeitsgästen stach Julian sofort heraus. Mit seiner Schönheit überstrahlte er sogar die Braut und die war bei Gott nicht hässlich. In dem teuren schwarzen Anzug, zusammen mit den raspelkurzen, schon leicht graumelierten Haaren und dem Fünftagebart sah er aus, als wäre er einem Armani-Katalog entstiegen. Der einzige, leider große, Makel an ihm: Er hatte eine Freundin dabei, groß, blond, ebenfalls Modeltyp. Meine Chancen sanken Richtung Keller. Doch wie es das Schicksal wollte, setzte es mich an dem festlich gedeckten runden Tisch Schulter an Schulter mit Julian. Da ich mir sowieso keinen Flirt mit ihm erhoffte, war ich ganz entspannt. Ich unterhielt mich blendend mit meinen restlichen Tischnachbarn, scherzte, alle lachten, wir waren mit Abstand der lustigste Haufen zwischen all den anderen Gästen, die sich gediegen an ihren Tischen in dem feudalen Saal des Hochzeitsschlosses unterhielten.

Langsam und ohne es mir anmerken zu lassen, nahm ich wahr, dass ich Julian mit jeder Minute, die verstrich, mehr und mehr faszinierte. Hatte er anfangs eher steif und teilnahmslos dagesessen, seine Miene versteinert, so übertönte sein Lachen bald das Gekicher der anderen. Oft berührte er wie zufällig meinen Arm, um seinen Sätzen mehr Gewicht zu geben. Die Freundin saß, als ob sie einen Stock verschluckt hätte, daneben und stocherte in ihrem Salat herum. Sie klinkte sich mit keinem Wort in unsere Gespräche ein, was auch daran liegen konnte, dass sie nichts verstand. Sie war Russin und sprach kein Deutsch. Zwar übersetzte Julian ihr ab und zu ein paar Gesprächsbrocken ins Englische, doch sie nahm davon kaum Notiz. Stattdessen schaute sie griesgrämig auf ihre Salatblätter.

Ich beobachtete, wie ihr Julian plötzlich etwas ins Ohr flüsterte, sie legte sachte die Gabel zur Seite und stand wie ein Zinnsoldat auf. Julian umfasste ihre Taille und schob sie, als ob er sie schnellstmöglich loswerden wollte, durch die mächtigen Flügeltüren des Saales hinaus. Ich schaute den beiden verstohlen hinterher. Mit einem Auge bei meinen Tischnachbarn, mit dem anderen ständig auf die Tür schielend, ob und wann Julian wieder zurückkommt, war ich nun nicht mehr richtig bei der Sache. Doch da schritt mein Traummann, betont lässig, wieder auf unseren Tisch zu. Ohne Freundin. Als ob er meine Gedanken lesen konnte, sagte er: »Ich hab sie aufs Zimmer geschickt.« Das klang so, als ob er einen Hund nach draußen gejagt hätte. Als er mein Entsetzen im Blick bemerkte, rechtfertigte er sich: »Na ja, sie war auch schon müde und hatte sowieso keinen Spaß.«

Diese dreiste Art, sein störendes Anhängsel loszuwerden, vergaß ich in dem Moment, als mich Julian zum Tanzen aufforderte. Mein Gott, wie dieser Mann seine Hüften schwang, sagenhaft. Julian hatte es einfach drauf, in jeder Hinsicht. Beim langsamen Walzer zog er mich sanft an sich, unsere Körper waren eine Einheit, das Außen existierte nicht mehr. Er wollte mich küssen, doch da schaltete mein Verstand sich wieder ein. Ich stieß ihn weg und marschierte mit den Händen vor dem Kopf nach draußen. Julian lief mir hinterher: »Was ist los?«

»Was los ist? Was los ist! Ich weiß nicht, ob es dir entgangen ist. Aber du hast eine Freundin! Und sie ist hier! Und du wolltest mich gerade küssen! Geht's noch?«

»Dich stört die Freundin? Kein Problem! Ich mach Schluss!«

Julian rückte mit den Händen den Knoten seiner Krawatte zurecht, räusperte sich kurz und ging entschlossen von mir weg.

»Julian, Julian«, schrie ich ihm hinterher. Doch die Worte prallten an seinem Rücken ab. Mit drei Schritten hatte ich ihn eingeholt, packte ihn an der Schulter und sagte aufgeregt: »Das ist doch nur ein Scherz, oder? Du gehst da nicht wirklich rauf und machst Schluss?«

Wie Staub fegte Julian meine Hand von seinem Sakko. »*Doch*!« Seine Entschlossenheit ließ keinen Zweifel übrig.

»Bitte warum? Doch nicht wegen mir? Wir kennen uns ja nicht einmal!«

»Du gefällst mir! Ich habe meine Entscheidung bereits getroffen.« Er fuhr sich kurz durch die Haare, dann mit seinen Zeigefingern über die Augenbrauen und schritt erhobenen Hauptes davon.

Mit offenem Mund stand ich da und konnte nicht glauben, was sich gerade abgespielt hatte. Wenn ich nicht selbst dabei gewesen wäre, ich würd's nicht glauben. Da traf ich einmal einen Mann, der optisch meine Ansprüche mehr als erfüllte, und dann das? Gibt es denn nur noch Verrückte auf dieser Welt? Bestürzt schnappte ich mir meinen Mantel und verließ mit gesenktem Blick die Hochzeitsgesellschaft, nicht einmal bei den Brautleuten verabschiedete ich mich.

Im Auto überfielen mich Fragen über Fragen: Wollte er mich verarschen? Will er vielleicht doch was von mir? Macht er jetzt tatsächlich Schluss? Wo sind meine Zigaretten hin?

Zwei Tage später klingelte das Telefon. »Das war ja nicht sehr nett von dir, dass du auf einmal verschwunden bist!«

»Julian?«, fragte ich nach, weil ich mir der Stimme nicht sicher war.

»Wir müssen uns sehen.«

»Müssen wir das?«

»Ja, das müssen wir. Ich hab dir was zu sagen.«

Als ich den Hörer auf die Gabel fallen ließ, war ich aufgeregt, verwirrt und glücklich zugleich. War es denn tatsächlich möglich? Hatte er wirklich mit seiner Freundin Schluss gemacht?

Ja, er hatte! Das teilte er mir ein paar Tage später gleich nach der Vorspeise im Restaurant mit. An dem Abend noch, nachdem ich gegangen war, ohne zu zögern, ohne lange Erklärungen, knallhart – wie im Geschäftsleben. Eine solche Entschlussfreudigkeit war ich von meinen Exfreunden nicht gewohnt. Die hatten zwar auch alle ihre Freundinnen noch, doch bis sie sich schließlich *doch* für mich entschieden hatten, war es oft schon zu spät.

Julian war ein Mann der Tat und das gefiel mir. So wie auch alle anderen Seiten an ihm. Er war großzügig, humorvoll, liebevoll, zärtlich, ein toller Gesprächspartner, ein noch fantastischerer Liebhaber – und das alles verpackt in einer äußerst attraktiven Hülle. Ich weiß, das erwähnte ich bereits, aber ich bin halt ein sehr visueller Mensch. Was soll's.

Schon nach drei Wochen stellte er mich seinen Freunden vor, nach sechs seinen Eltern. Manches ging mir beinahe zu schnell. Die Mama von meinem Exfreund habe ich erst nach zwei Jahren kennengelernt, und das nicht mal da richtig, weil es ihre eigene Beerdigung war.

Wie dem auch sei: Julian war ein Traummann, fast zu schön, um wahr zu sein. Als er mir nach zweimonatiger Beziehung einen Schlüssel für seine Wohnung anfertigen ließ, musste ich mich selbst kneifen, um aus diesem Traum aufzuwachen. Es musste doch irgendwo einen Haken geben? Doch so sehr ich auch danach suchte, ich fand ihn nicht. Und nach und nach gab sich mein Misstrauen geschlagen und ich ließ mich auf Rosen betten. Ein dritter Monat, ein vierter Monat, vier Monate und zwei Wochen, Mittwochabend: In Vorfreude auf ein heißes Bad sperrte ich die Tür zu Julians luxuriöser Penthouse-Wohnung auf. Doch der Schlüssel ließ sich nicht umdrehen, die Tür war offen.

Julian wollte doch erst morgen wieder von seiner Geschäftsreise zurück sein. Es wird doch wohl niemand hier eingebrochen haben? Oder habe ich vergessen, abzusperren?, tanzten die Fragen wirr in meinem Kopf.

Sanft drückte ich die Tür nach innen auf, lauschte, ob ich verdächtige Geräusche hörte, und zog meine Stöckelschuhe aus. Wie ein Panther auf der Lauer setzte ich einen Fuß vor den anderen, leise, abwartend. Als die Glaswand vom Vorzimmer die Sicht auf das ins Abendrot getauchte Wohnzimmer freigab, sah ich auf dem weißen ledernen Riesensofa zwei Gestalten sitzen, eng beieinander, die eine den Arm um die Schulter der anderen gelegt. Beide rührten sich nicht und genossen sichtlich den Sonnenuntergang, der sich im Außenpool, dessen Wasseroberfläche in den Marmorboden des Wohnzimmers überging, spiegelte.

Ich schlurfte näher und als die Sonne nicht mehr in meinen Augen blendete, sah ich Julians Kopf von hinten, daneben einen brünetten Pagenkopf.

»*Julian!*«, brüllte ich.

So als ob ein Blitz durch seinen Körper geschossen wäre, zuckte er zusammen und drehte sich mit weit aufgerissenen Augen zu mir um.

»*Wer ist diese Frau?*«, fragte ich kriegerisch. Wie ein Löwe seine Beute umkreiste ich dieses Wesen. Ihre Schultern waren nackt, sie trug ein nachtblaues, knielanges Korsagenkleid aus Satin, schwarze hohe Pumps umschlossen ihre kleinen Füße. Meine Augen wanderten nach oben und ich sah ihr mitten ins Gesicht. *Nein*! Das war doch nicht möglich? Diese Frau sah aus, sah aus wie ... ich! Ich aus Plastik! Überall. Und nicht nur der Busen, so wie meiner. Ich strich ihr übers Haar – es war so seidig wie meins, ich fuhr ihr über das Gesicht – es fühlte sich warm und erschreckend echt nach Haut an, sie hatte sogar dasselbe Muttermal auf der linken Wange wie ich. Fasziniert fuhr ich mit der Hand über ihren Bauch, über das weiche, glatte Kleid. Neugierig, was sie darunter trug, schob ich den Stoff hoch – nichts! Dafür blickte mich ein getrimmter Schamhaarstreifen an – wie ich ihn auch trage. Ich konnte es nicht fassen, dass sich diese Real Doll* wirklich so echt anfühlte. Julian saß nur entspannt daneben.

Ich setzte mich neben *mich* und sagte, ohne ihn dabei anzuschauen: »Bitte erklär's mir!«

»Da gibt es nichts Großartiges zu erklären, Babsi.«

Er stand auf und stellte sich breitbeinig vor uns. »Wenn ich mir euch beide so anschaue, dann fällt mir die Entscheidung umso leichter.«

»Welche Entscheidung, bitte?«

»Na, für eine von euch!«

»Was? Das ist doch wohl ein Scherz, oder?«

»Keineswegs.«

»Bitte? Tickst du noch richtig! Das ist doch nicht dein Ernst!«

Julian schaute mich mit demselben entschlossenen Blick an, den er damals bei der Hochzeit hatte, als er mit seiner Freundin im Hotelzimmer Schluss machte.

»Das ist mein voller Ernst. Bitte geh!«

»Du verlässt mich wegen einer Puppe? Die obendrein ausschaut wie ich! Das ist doch jetzt nicht wahr?«

»Doch. Bitte geh. Ich hab genug von dir.«

Er stand noch immer breitbeinig und mit verschränkten Armen da, nichts in seinem Gesicht ließ den Anschein erkennen, dass er nun laut loslachen würde und das alles nur ein kranker Scherz war.

Vollkommen fassungslos, rappelte ich mich vom Sofa hoch, strich mir die Haare aus dem Gesicht, die Kleidung glatt, hob meine Handtasche vom Boden und schenkte Julian einen letzten mitleidigen und verachtenden Blick. Geprügelt schleppte ich

---

* *Eine äußerst realistische und lebensechte Sexpuppe, die aus hochwertigem Silikon gefertigt wird.*

mich aus dem Wohnzimmer, kurz vor der Tür blieb ich stehen und fragte ihn, mit zugewandtem Rücken: »Sag mir nur noch eins: Was hat *sie*, was ich nicht habe?«

»Sie spricht nicht.«

Der 25. Mann, der ein Freak ist

Geiz ist bestimmt nicht geil

Stefanie (38), Tierpflegerin, Wien,
über ihre Beziehung mit
Heinrich (41), Golfclub-Manager, Graz

Kurschatten waren für mich immer Fantasiewesen, die ihren Ursprung in fabelhaften Kennenlern-Mythen von einsamen Frauen hatten. Das gibt es doch nicht wirklich, dass man zwischen Schonkost und Wassergymnastik einen brauchbaren Mann rekrutiert. Ich fischte mir tatsächlich einen Mann, brauchbar war der allerdings nur bedingt.

Heinrich drückte es im Rücken, mich im Knie – Schmerzen verbinden und so sind wir auch ziemlich schnell ins Gespräch gekommen. Die zwei Wochen Kuraufenthalt vergingen für uns beide wie im Flug, wir tauschten Telefonnummern aus und Heinrich versprach, mich bald in Wien zu besuchen.

Er kam auch, und das schon eine Woche später. Ab darauf sollten nun wundervolle Wochenenden folgen. Mal fuhr ich zu ihm nach Graz, dann kam er wieder zu mir. Diese Fernbeziehung war ganz nach meinem Geschmack, nur ein Salzkorn brannte mir gehörig im Auge. Wir gingen nie aus. Spazierengehen und solche Sachen waren drin, aber wir besuchten nie eine Veranstaltung, gingen nie ins Kino, Theater oder essen.

Manchmal blieb Heinrich zwar vor der Menütafel eines Restaurants stehen und meinte: »Gute Idee! *Das* kochen wir heute«, aber er machte nie den Vorschlag, das Lokal zu betreten. Wenn ich ihn hineinzerren wollte, hatte er plötzlich keine Lust auf Menschen, oder der Koch Schweißfüße und der Kellner Nesselausschlag, Ausreden über Ausreden. Eine einzige Ausnahme gab es jedoch: In das Restaurant in seinem Golfclub durfte ich hinein und mir auch was bestellen. Komischerweise waren aber alle Gerichte, außer Gulaschsuppe, Toast und Frankfurter, immer aus. Ich regte mich darüber zwar auf, arrangierte mich mit seinen Sparmaßnahmen aber weitestgehend, weil das im Verliebtheitszustand einfach so ist.

Nach fünf Monaten Beziehung hatte Heinrich einen glorreichen Einfall: »Wir sollten zusammenziehen!« Was hieß, ich sollte zu ihm ziehen. Sein Argument, das dafür sprach, klang überzeugend: »So sparen wir uns eine Menge Benzin!« Tja, deswegen gab ich alles auf: meinen Job, meine Freunde, mein Leben. Scherz beiseite, da gab's schon noch ein paar andere Zuckerln, die er mir vor die Füße warf, wie die Aussicht auf Ehe oder sonstige aufregende Momente neben ihm.

Als Willkommensgeschenk überreichte mir Heinrich ein Päckchen. Es war das erste Mal, dass ich von ihm etwas geschenkt bekam: eine Kette, aus Silber, wahrscheinlich nicht echt, mit einem Anhänger, der kleiner war als der Verschluss. Heinrich sagte, es sei ein Herz. Ich konnte es nicht erkennen, also glaubte ich ihm.

Nach und nach gewöhnte ich mich in meinem neuen Zuhause ein. Ich schmiss den Haushalt, lernte in seinem Golfclub schnell neue Leute kennen, durchforstete die Stellenanzeigen. Obwohl Heinrich meinte, dass es damit keine Eile hatte, wollte ich so schnell wie möglich finanziell wieder ganz unabhängig sein. Als ich nach fünf Wochen noch immer nicht zu einem Vorstellungsgespräch eingeladen wurde, flog mir dann doch hier und da ein Vorwurf um die Ohren: »Warum findest du nichts?«, »Du schaust nicht intensiv genug«, »Das kann doch nicht so schwer sein«.

Anfangs versuchte ich Heinrichs Aussagen zu ignorieren und ließ mich lieber vom Wasser aus der Dusche berieseln.

Da stand ich dann auch eines Abends, den Kopf gerade eingeschäumt – plötzlich kam nichts mehr von oben, kein Tropfen mehr, verflucht. »*Heinrich!*« Ungeduldig rüttelte ich an der Armatur. »Heinrich, es kommt kein Wasser mehr, *Heinrich*!«

Endlich kam er angelatscht. »Was ist los? Schatz!«

»Es fließt kein Wasser mehr.«

»Ich weiß. Ich hab's abgedreht.«

»*Wieso?*«

»Steffi, du duschst eindeutig zu lange!«

»Wie bitte?«

»Zehn Minuten sind wirklich die Obergrenze. Mehr als sauber wird man danach auch nicht mehr.«

»Spinnst du jetzt komplett. Ich wasche mir die Haare. Stell sofort das Wasser wieder an! Mir läuft schon das Shampoo in die Augen!«

Murrend trottete Heinrich davon und drehte den Hahn wieder auf. Obwohl ich gemütlich zu Ende duschen konnte, wurde mir trotzdem irgendwie nicht warm. Als ich ihn danach auf seinen Aussetzer ansprach, lachte er ihn einfach weg, so, als ob *ich* nicht ganz dicht im Kopf wäre und mir das alles nur eingebildet hätte. Doch die anfängliche Verliebtheit konnte jetzt nichts mehr schönreden: Heinrich war extrem geizig.

Um ein bisserl Abstand zu bekommen und die Beziehung zu überdenken, fuhr ich für eine Woche zu meiner Freundin nach Wien. Danach war mir klar: Trotz seines Geizes konnte ich mit meinen Gefühlen für ihn nicht geizen. Ich stand noch auf ihn, also ging's wieder zurück.

Dort wartete schon eine Überraschung auf mich, mein Sparefroh hatte die Dusche nämlich geizgerecht umgebaut. Jetzt war da nur noch ein Druckknopf, wie bei Duschen in Sportanlagen. Wenn man draufschlug, lief das Wasser exakt drei Minuten lang, ich hab mal mitgestoppt, in der gleichbleibenden Temperatur. Da verging einem das Duschen und man stieg freiwillig nach sechs Minuten wieder aus der Wanne. Der Versuch, ein Vollbad zu nehmen, zog einen Schreikrampf nach sich. Bis zur Hälfte habe ich es einmal geschafft, die Wanne zu füllen. Dann bin ich wutentbrannt reingehüpft, zog den Stöpsel raus und duschte mich kurz ab. »Waaaaaaa!« Ich raufte mir die Haare, brannte innerlich, war so was von angefressen. Eine Frechheit! Deswegen gab's auch vermehrt Streit.

Als ich noch keine Arbeit in Graz hatte, drohte ich damit, wieder nach Wien zu ziehen. Als ich dann welche hatte, drohte ich damit, mir in der Steirischen Landeshauptstadt eine eigene Bleibe zu suchen. Doch Heinrich kam mir immer auf die Mitleidstour: Er müsse wegen eines hohen Kredites sparen, die Zeiten werden immer schlechter und so weiter und so fort. Irgendwann fand ich mich mit der nervtötenden Dusche ab. Man gewöhnt sich schließlich an alles. Woanders kennen die Leute nicht mal fließendes Wasser.

Furchteinflößend war, dass Heinrichs Geiz mit der Zeit immer stärker wütete und Auswüchse in die verschiedensten Richtungen nahm. Obwohl ich mich durch meine Arbeit bei einem örtlichen Tierarzt an Miete und Essen beteiligte, wurde Heinrichs krankhafte Sparsamkeit immer schlimmer und schlimmer.

Da gab's die fast schon harmlosen Sachen, wie im Winter die Heizung nur in den am meisten benutzten Räumen wie Wohnzimmer und Küche aufzudrehen. Im Badezimmer hätte man es unter der Dusche ja eh warm und im Schlafzimmer bekäme man von der Kälte nix mit, weil man ja schlafe, war seine Philosophie.

Unter der Woche sahen Heinrich und ich uns beim Frühstück und beim Abendessen. Am Morgen durfte ich nicht das Backrohr für warme Brötchen anwerfen – ein zu hoher Energieverbrauch für die paar Minuten, am Abend durfte ich auf nur *einer* Herdplatte ein Menü zaubern. Obwohl wir einen Geschirrspüler hatten, war es untersagt, ihn auch zu benutzen. Heinrich spülte das dreckige Geschirr unter kaltem Wasser mit der Hand ab. Doch nicht nur sich und mir verordnete er ein Leben auf Sparflamme, auch seinen Freunden ging's nicht viel besser. Zu seinem

Vierzigsten lud er zu einer Agape mit Brot und Wein. Glück für ihn, dass sein Geburtstag genau in die Fastenzeit fiel – die perfekte Ausrede für ein karges Mahl. Sogar ein Gratis-Priester war anwesend und segnete die Speisen. Für diesen hohen Besuch drehte Heinrich auch die restlichen sieben Glühbirnen in den Kronleuchter rein. Ansonsten brannte für uns beide eine einzige allein und verlassen vor sich hin.

Wie lange man es mit einem Geizkragen aushält? Egal wie lange es ist, jeder einzelne Tag ist, im Nachhinein betrachtet, zu lange. Meine Schmerzgrenze waren 16 Monate. Das Fass zum Überlaufen brachte Heinrichs Urin. Wenn ich am Abend heimkam, das war schon gegen Ende der Beziehung, war das Klo mit seinem gelben Saft immer gut befüllt. Sein neuestes Geiz-Motto: »Gespült wird nur nach Scheiße.«

Eine Woche später habe ich ihn dann aus meinem Leben geschwemmt.

Der 26. Mann, der ein Freak ist

DIE KUNST DER VERFÜHRUNG

Lou (23), Model, Wien,
über ihre Beziehung mit
Emil (24), Profi-Fußballer, Wien

Wenn Österreich die Insel der Seligen ist, dann ist Mykonos noch immer die Insel der Schwulen. So weit, so gut.

Bereits seit drei Jahren war ich mit Emil zusammen. Model angelt sich Sportler – das Superklischee schlechthin. Wir lernten uns auf einem Clubbing kennen. Ich war es ja gewohnt, dass Typen mit schlechten Anmachsprüchen wie »Du musst der wahre Grund für die globale Erderwärmung sein« oder »Glaubst du an Liebe auf den ersten Blick, oder muss ich noch einmal an dir vorbeigehen?« versuchten, mich ins Bett zu kriegen. Nicht so Emil: Galant, selbstbewusst und doch bescheiden marschierte er ziel- und siegessicher auf mich zu und sagte einfach: »Hallo, ich bin Emil. Darf ich dich auf einen Drink einladen?« Schlicht, geradlinig, überzeugend.

Er war sehr belesen, interessierte sich für die verschiedensten Sachen, ungewöhnlich für einen Fußballer. Trotz ständiger Kopfbälle, sein Hirn war voll entwickelt. Nach einer Stunde hatten wir noch immer genug Gesprächsstoff, doch mitten in der Unterhaltung schrieb er mir seine Telefonnummer auf eine Serviette und drückte sie in meine Hand: »Ruf doch mal an.«

Sein vorzeitiges Verschwinden und die leichte Arroganz in seinen Augen zeigten: Er wusste genau, wie er mein Interesse weckte. Er war ein Meister in der Königsdisziplin »individuelles Aufreißen«. Ich rief ihn auch tatsächlich an, wir trafen uns und wurden ein Paar. Es funktionierte alles wunderbar, wir ließen uns unsere Freiräume, allein schon berufsbedingt. Emil spielte mit seinem Club oft auswärts, ich jettete für Modeljobs in der ganzen Welt herum. Oft bekamen wir uns drei Monate nicht zu sehen, was vielleicht auch der Grund war, warum wir auf dieser Beziehung ohne hohe Wellenschläge dahinschwammen.

Dann kam der Sommer und Emils Männerurlaub auf Kreta mit seinem besten Freund Alex stand an. Ich wollte in Wien bleiben und mich von einem anstrengenden Fotoshooting in Tokio erholen. Mitte der Woche rief mich meine Agentin an, ein gutbezahlter Job auf Mykonos war kurzfristig reingeflattert. Das hieß: sofort Sachen packen und ab in den nächsten Flieger.

Kaum war ich gelandet, holte mich das Team schon vom Flughafen ab. Zeit ins Hotel zu fahren, blieb nicht mehr, wir düsten sofort zum Strand, wo das Fotoshooting stattfinden sollte. Es war ein etwas ruhigerer Strand der Insel, kleine Dünen schlängelten sich durch den feinsandigen, weißen Teppich, das kristallklare Wasser glitzerte, als ob es die Sonne überstrahlen wollte. Es war herrlich! Ich genoss jede einzelne Sekunde, *das* waren die Tage, an denen ich meine Arbeit als Kleiderständer liebte.

Als der Fotograf das letzte Motiv für diesen Tag im Kasten hatte und die Abenddämmerung den Strand in ein warmes Orange umfärbte, hörte ich plötzlich jemanden meinen Namen rufen, erst leise, dann immer lauter: »Louu, *Louuuu*!«

Das gab's doch nicht! »Zara, was machst *du* denn hier?« Stürmisch umarmte ich meine rassige Modelfreundin, mit der ich mal eine Zeit lang eine Wohnung in Paris geteilt hatte.

»Mein Gott, wie lange ist das denn her … Super schaust du aus, meine Kleine!« Temperamentvoll riss Zara meine Arme zur Seite und betrachtete mich anerkennend vom Scheitel bis zur Sohle. »Kleine, du bist in Topform! Also, ich sag dir: *Solche* Fotos könnte ich mir nicht mehr erlauben. Seit einem Monat mache ich null Sport mehr, esse, was ich will. Ich will nur noch leben, essen und schlafen! Ich hab genug von diesem Job. Das ist doch alles große Scheiße! Und ich hab genug von Männern! Die große Liebe? Scheiß drauf, die gibt's doch gar nicht!«

Zara hatte sich nicht verändert. Noch immer der gleiche gut proportionierte Körper, die gleiche feste schokobraune Haut, die glänzenden langen Haare und ihr Reden, ohne Punkt und Komma, ohne Zusammenhang, wie ein Wasserfall, der nie austrocknet.

»Weißt du was, Kleine, heute Abend machen wir einen drauf!« Mit feurigen Augen flackerte sie mich wild an.

»Moment mal, Zara. Modelst du jetzt nicht mehr? Und was ist mit der großen Liebe? Was ist mit Jacques?«

»Scheiß auf Jacques! Der Mistkerl hat mich betrogen. In unserer Wohnung. Und weißt du mit wem? Ach, da kommst du ja doch nicht drauf! Mit dieser Schlampe, die nach dir eingezogen ist!«

»Dieses Model?«

»Ja! Dieses Tittenmodel!«

»Tittenmodel?«

»*Ja*, ein *Tittenmodel*! Ihr Gesicht ist für'n Arsch, dafür sind ihre *Titten* fotogen! Sie hat die fotogensten Titten in der Branche. Überall, überall springen sie mir nun entgegen: von Plakaten, von Zeitschriften, was weiß der Teufel, für was die alles Werbung machen. Die zwei Dinger waren sogar schon in einer Talkshow. Und weißt du zu was für einem Thema?«

Gespannt riss ich meine Augen auf.

»Ich bin hässlich, aber mein Busen ist schön.«

Zaras Körper bebte vor Aufregung, genauso wie meine Mundwinkel. Ich konnte nur schwer das Lachen unterdrücken.

»Ich sag dir: *Solche* Dinger wachsen aus ihr raus.« Sie hielt ihre Hände vor die Brust, als ob sie zwei Melonen darin liegen hätte. *»Solche Dinger!«*

»Zara, jetzt beruhige dich doch!« Ich packte sie an der Schulter und drückte sie an mich. Ihr Atem wurde ruhiger, ihr Körper entspannte sich, sie befreite sich aus meiner Umarmung und strich sich mit ihren feucht-warmen Händen die Haare zurück: »Reden wir nicht mehr über Jacques«, schob sie mit einer ausholenden Bewegung ihr Reizthema zur Seite. »Lass uns heute weggehen, Kleine. Ich kenne einen Wahnsinns-Club hier. Nur Frauen und Schwule sind dort erwünscht. Alles andere ertrage ich zurzeit ohnehin nicht.«

Zara hatte nicht zu viel versprochen. Der Club zog sich über mehrere Etagen, er sah aus wie ein prächtiges Theater. Aus den purpurroten Tapeten traten kunstvolle goldene Muster plastisch hervor, es gab Logen, Separees und Bars. Das Herzstück war die große Tanzfläche im Erdgeschoss, auf der viele schöne Menschen herumschwirrten, wie Hunderte von Fliegen.

Wir machten es uns in einer der Logen in der ersten Etage gemütlich. Die Musik pochte in meinem Brustkorb und der kühle Martini tauchte mich zusammen mit dem irisierenden Licht in eine andere Welt. *Emil*, ich dachte an Emil und zog mein Handy aus meiner Clutch, um ihm zu schreiben, dass ich quasi um die Ecke war.

»Schau, Kleine! Schau dir den Typen an!« Zara rüttelte an meinem nackten Oberarm. Desinteressiert blickte ich kurz von meinem Telefon weg und sah in die hüpfende Farbmasse. »Welchen Typen?«

»Na, *den* da!« Zara deutete mit dem Finger irgendwohin. »Also wenn der in den pinkfarbenen Shorts wirklich schwul ist, dann fresse ich einen Besen!«

Jetzt sah ich ihn auch. Oh Gott, was war bloß in diesen Mann gefahren? An den Füßen trug er Römersandalen mit Nietenbeschlag, die grellen Knalleng-Shorts waren eh nicht zu übersehen und der Oberkörper steckte in einem körperbetonten fischernetzartigen Shirt, aus dem zwischen den Löchern das Brusthaar herauswucherte. Sein Gesicht war so mit Schminke zugekleistert, dass darunter garantiert nichts mehr wuchs, und seine Augen so schwarz umrandet, dass man nur noch zwei Kohleklumpen sah.

Aber …? Nein! Das konnte doch nicht sein! Oder? Blödsinn … Unmöglich! Doch dann gab die Go-go-Tänzerin im Körper eines Bauarbeiters die Sicht auf den Mann daneben frei. Mir stockte der Atem und das Blut wich aus meinen Adern. *Emil!* Es war *Emil*! Als er in meine Richtung sah, rutschte ich unter den Tisch. Zara beugte sich zu mir herunter und fragte verwirrt: »Was ist los?«

»Emil, Emil ist da!«

»Dein Freund ist da? Wer ist es?«

»Na, *der* da!« Ich blickte kurz unter der Tischplatte hervor und fuchtelte mit der Hand in seine Richtung.

»*Was?* Die Transe ist *Emil*?«

»*Nein*. Das ist Alex, sein bester Freund. Der daneben, der normal Aussehende, im blau-weiß gestreiften T-Shirt ist Emil.« Zara warf einen langen prüfenden Blick auf ihn, da sie ihn ja nur aus Erzählungen kannte. »Der ist aber schnuckelig. Gut gemacht, Kleine!«

»Ach, hör auf«, blökte ich sie an, »das tut ja jetzt gar nichts mehr zur Sache! Was tut er hier? Weißt du, was das heißt? Sind sie schwul, ein Paar? Und bin ich nur seine Alibi-Freundin? Oh, mein Gott! Ich hab gar nichts gemerkt! Seit drei Jahren nicht! Das darf doch alles wohl nicht wahr sein! Wir hatten doch regelmäßig Sex …« Ich hörte nicht auf und hörte nicht auf. Diesmal stoppte Zara mich.

»Vielleicht ist es ja nicht so, wie es ausschaut?« Ihr Ton verriet, dass sie selbst nicht wirklich an das glaubte, was sie eben gesagt hatte. »Warte mal …« Zara lugte über die Logenmauer und ihre Stimme nahm einen verschwörerischen Klang an. »Sie gehen zur Bar … Hand in Hand!«

Ich krabbelte unter dem Tisch hervor und wir beobachteten nun von unserem Balkon das weitere Geschehen, so wie Statler und Waldorf von der *Muppet Show*.

Emil und Alex quetschten sich durch ein Knäuel bildhübscher Frauen und bestellten etwas an der Bar. Plötzlich drehte sich Alex um und verwickelte die jungen Damen in ein kurzes Gespräch. Alle nickten eifrig und kicherten.

Nach einer Weile drehten sich Emil und Alex wieder um, in ihren Händen balancierten sie monströse Cocktails. Großzügig verteilten sie die Getränke unter den gut gelaunten Damen, deren Körper kaum mit Stoff bedeckt waren. Pink Shorti Alex übergab Emil sein Getränk und fing zur House Music plötzlich mit Schuhplatteln an! Zara und ich schauten uns an und schüttelten die Köpfe. Irgendetwas stank da gewaltig zum Himmel! Ein schwules Liebespaar sieht anders aus.

Als Alex seine Tanzeinlage beendet hatte, wandte sich Emil wieder der Damenrunde zu. Er stand nur da, mächtig, erhaben, wie ein Fels, der vom Wasser umspült wird, und gab ein paar Sätze von sich. Die Frauen hingen ehrfürchtig und kopfnickend an seinen Lippen und warfen sich gegenseitig begeisterte Blicke zu. Eine platinblonde Schönheit in einem goldenen Schlauchkleid, das so kurz war, dass jeder Minirock als langes Abendkleid durchgehen würde, strich sich plötzlich mit beiden Händen gefühlvoll, und als ob sie nackt wäre, über ihre einladenden Brüste.

Emil nahm eine Denkerpose ein – das Kinn lag auf dem Daumen, der geknickte Zeigefinger vor dem Mund. Er bewegte den Kopf auf und nieder, sodass er mit seiner Nasenspitze beinahe ihre Nippel berührte. Kochend vor Wut trommelte ich mit den Fingern auf den Logenbalkon.

Dann flüsterte er ihr etwas ins Ohr, legte die Hand auf ihren Rücken und zog sie von den anderen weg.

»Wohin gehen die, wohin gehen die?«, schnaubte ich und sprang wie eine Geisteskranke auf, stieß mit dem Knie an die Tischkante und rannte aus der geschützten Loge. Draußen schlug mir ein Schwall von Menschen, Rauch und ohrenbetäubendem Lärm entgegen. Planlos schaute ich mich nach allen Seiten um.

»*Louuu*, jetzt warte …«

Das Geschrei schluckte Zaras Stimme, ich wurde von der Menschenmenge mitgerissen, fühlte mich verloren, im Stich gelassen, betrogen, aufgelöst. Irgendwie schaffte ich es nach draußen. Ich setzte mich auf die Treppe und vergrub mein Gesicht in die Hände. Meine Augen waren geschwollen, wie bei einem Frosch. Es fühlte sich an, als wollten sie platzen, doch ich konnte nicht loslassen, meine Tränen waren gefangen. Eine Weile saß ich so da, ich spürte nur den Luftzug der Leute, die an mir vorbeistiegen, manchmal ein Bein, das mich streifte.

»*Da bist du ja!* Ich such dich schon eine halbe Ewigkeit!« Zara streichelte mit der Hand über meinen Kopf und setzte sich zu mir. Langsam wendete ich ihr mein aufgedunsenes Gesicht zu. »Du meine Güte, so würde dich sicherlich kein Mensch mehr buchen«, versuchte sie mich aufzuheitern.

Ich konnte mir nur ein müdes Lächeln abringen. »Ich hab ihn verloren, ich hab ihn verloren, ich kann ihn nirgends finden«, sagte ich schwermütig und bedeckte mein Gesicht wieder mit den Händen.

»Dafür habe ich was rausgefunden, Kleines«, sagte Zara und legte ihre Hand auf mein Knie. »Du kannst froh sein, wenn du ihn verloren hast. Dein Emil ist nämlich ein verdammter Mistkerl. Als du weg warst, bin ich zu den Mädels hin und hab sie wegen der beiden ausgefragt.«

»Wo war Alex?«

»Keine Ahnung. Na, auf jeden Fall haben sie mir erzählt, dass die zwei – und jetzt halt dich fest – schwule Schönheitschirurgen wären und der eine, Emil eben, die Brüste ihrer Freundin, dieser Tussi, mit der er weggegangen ist, gratis begutachten wollte, ob man daran was ändern müsse.«

»*Bitte?* Willst du mich verarschen?«

»Ich schwör's dir! *Das* haben die erzählt!«

»Na, dann verarschen sie dich. So blöd kann doch niemand sein?«

»Doch, glaub mir, *die* sind's! Ich sag mal so: Der Alkohol in ihren Getränken hat mehr Prozent als der Hirnanteil in ihren Köpfen, von allen zusammengerechnet, versteht sich.«

Ich stieß einen lauten Seufzer aus und in diesem Moment streifte mich am Oberarm etwas Weiches. Behäbig folgten meine Augen dem groß gewachsenen Typen in hellen Jeans und schwarzem Hemd, in seiner Hand baumelte ein pinkfarbener Stofffetzen. Mit einem Schlag war ich wieder hellwach.

»Alex!« Ich sprang auf, er blieb plötzlich wie versteinert stehen und drehte sich in Zeitlupe um, als ob ich eine Knarre auf ihn gerichtet hätte. Die Schminke war verschmiert und das Schwarz um seine Augen floss nun in Bächen über seine Wangen. »Ach, du Scheiße«, seufzte er, als er mich sah. »Was machst *du* denn hier, Lou?«

»Was *ich* hier mache? Was machen *du* und *Emil* hier, ist wohl eher die Frage. Ich dachte, ihr seid auf Kreta«, schrie ich.

»Lou ...«, Alex brach mitten im Satz ab, weil ihm einfach die Worte fehlten. Zara stellte sich kampfbereit an meine Seite.

»Ich will wissen, was hier los ist! Ich habe euch in der Disco beobachtet, dich und Emil. Was ist das für eine Show, die ihr hier abzieht?«

Alex blieb stumm, er wusste, diese Schlacht konnte er nur verlieren.

»Die Super-Transe und der Fußballer, was für ein Anblick! Was soll diese Maskerade? *Und lüg mich ja nicht an!*«, brüllte ich weiter. Zara baute sich vor ihm auf wie ein Gladiator.

»Ist das wahr? Gebt ihr euch als schwule Schönheitschirurgen aus, um Frauen abzuschleppen? *Stimmt das, stimmt das, Alex!*« Meine Stimme überschlug sich.

»Das ist halt so ein Spiel ...« Alex suchte verzweifelt nach einer Ausrede. Doch dann gab er auf.

»Ja, es stimmt. Wir geben uns jedes Jahr als etwas anderes aus, erfinden immer Berufe: Mal sind wir Modelscouts, Filmemacher, was weiß ich was alles noch. Heuer hatten wir eben die Idee mit den Schönheitschirurgen. Als Schwuler kommt man bei den Frauen einfach besser an. Sie fassen sofort Vertrauen zu einem und fühlen sich in ihrer Weiblichkeit irrsinnig bestätigt, wenn sie einen Schwulen bekehren!

»Sie fassen sofort Vertrauen und fühlen sich in ihrer Weiblichkeit bestätigt, wenn sie einen schwulen Beauty-Doc in Neonpants und Netzshirt bekehrt haben? Willst du mich verarschen?«

»Das ist doch nur der Köder! Einmal zieht Emil die Sachen an, dann wieder ich. Der eine hat die Arbeit, der andere das Vergnügen, sozusagen.«

Seit vier Jahren fuhren die beiden schon auf *ihre* Insel der Seligen. Unnötig zu sagen, dass ich danach die Beziehung sofort beendete.

Ich wundere mich heute noch, dass es wirklich Frauen gibt, die auf diese Anmach-Masche reinfallen. Emils One-Night-Stand-Motto ist wahrscheinlich nicht »Dumm fickt gut«, sondern »Fick ne' Dumme«.

Der 27. Mann, der ein Freak ist

Mein schönstes Schmuckstück

Dagmar (29), Marketingleiterin, Linz,
über ihr Eheaus mit
Clemens (42), Großgrundbesitzer, Linz

Eines musste man Clemens lassen: Er hatte Stil, schon immer. Auch als wir uns trennten. Ich reichte die Scheidung ein, weil er nie Zeit für mich hatte, selten da war. Als passionierter Jäger sagte er oft zu mir, ich sei sein schönster Wildfang. Für ihn war ich aber nichts weiter als eine Trophäe, die nur glänzen sollte, die er ab und zu mal polierte, die aber sonst schweigend in der Ecke zu stehen hatte. Doch da machte er die Rechnung ohne den Wirt.

Ich baute mir auch noch ein Leben neben ihm auf, arbeitete in einem Beruf, der mich erfüllte, ging Hobbys nach, die mir Spaß machten, traf Freunde, wann und wie oft ich wollte. Das alles gefiel ihm nicht, er bestand darauf, dass ich ihm uneingeschränkt zur Verfügung stünde. Wir hatten deshalb oft Streit, es war ein ständiges Auf und Ab, laute Worte, die man später bereute, Versöhnungen, die mit der Zeit immer kürzer anhielten. Bis zu dem Tag, an dem ich beschloss, unter alldem einen Schlussstrich zu ziehen.

Natürlich schnaubte Clemens vor Wut. *»Mich verlässt niemand, schon gar nicht meine Ehefrau!«*

Er tobte wie tausend Vulkane, linkte mich aus Rache bei der Scheidung und überwies mir in Anbetracht seines gewaltigen Vermögens eine Hunger-Abfertigung. Doch ich blieb davon unbeeindruckt, ich wollte meine Freiheit, egal, zu welchem Preis.

Deshalb war ich umso erstaunter, als er mir zur Feier des Tages, nachdem die letzten Papiere unterzeichnet waren, mit einem geheimnisvollen Grinsen eine schwarze Samtschatulle überreichte. Zögerlich und misstrauisch klappte ich sie auf – das Innere strahlte mich an, so hell glänzte das Gold.

Zwar hatte Clemens mich in unserer Ehe mit Diamanten und Brillanten überhäuft, aber die Scheidungsgabe übertraf alles bis dahin Dagewesene: eine wunderschöne schwere Halskette, an der ein eiförmiges und genauso großes plastisches Gebilde baumelte. Wie eine Mohnblume sah der Anhänger aus, in der Mitte funkelte ein rosa Diamant. Ich war von dieser versöhnenden Geste überwältigt und Clemens legte mir wortlos das Schmuckstück um.

Stolz trug ich es zur Schau, bekam von allen Seiten bewundernde Blicke, trug es beinahe jeden Tag.

So auch an diesem Nachmittag, wo ich mich mit alten Bekannten zum Kaffee traf. Während Alessas Augen vor Begeisterung funkelten, wurden die von Beatrix zu Stein. »Du trägst dieses Schmuckstück wirklich?«, fragte sie mich ungläubig.

»Was meinst du?«

»Weißt du denn nicht, was das ist?«

»Was *was* ist?

»Na, deine Halskette?«

»Was soll damit sein?«

»Du weißt es wirklich nicht.«

»Was weiß ich nicht? Was ist los?«

Beatrix nippte kurz an ihrem Kaffee und atmete tief durch.

»Jetzt halt dich fest: Gestern habe ich Clemens getroffen, in unserem Jagdverein, und er hat sich vor versammelter Mannschaft, anscheinend zum wiederholten Male, köstlich mit den Männern über das Schmuckstück amüsiert, das er dir zur Scheidung geschenkt hat.«

»Was ist damit?«

»Nun ja. Wie soll ich es sagen ... Es ist deine Muschi.«

»Wie bitte?«

»Clemens hat dir deine Muschi vergoldet. Der rosa Diamant symbolisiert die Muschiöffnung. Lang und breit hat er sich darüber lustig gemacht, wie sehr du dich über das Schmuckstück gefreut hättest und laut trompetet, dass du dir deine Muschi jetzt um den Hals hängen kannst, weil er sein Ding da garantiert nicht mehr reinsteckt!«

Alessa prustete vor Lachen ihren Kaffee raus, ich griff entsetzt nach meiner Muschi. Dann nahm ich sie ab und begutachtete sie mit Adleraugen. Jetzt, wo ich es wusste, war es tatsächlich eine wirklichkeitsgetreue Nachbildung. Clemens hatte sie in den Jahren wohl genauestens studiert. An alles hatte er gedacht: an die Klitorisvorhaut, die Klitoris, sogar daran, dass meine linke innere Schamlippe aus der äußeren ein Stückerl hervorlugt. Ja, da hatte sein Juwelier ein wahres Meisterwerk geschaffen!

Um Clemens einen kleinen Denkzettel zu verpassen, skizzierte ich seinen eher winzigen leicht abgeknickten Schwanz und schickte ihm die Zeichnung mit den Worten: »Bei diesem Stück hätte es sich nicht ausgezahlt, es in Gold gießen zu lassen.«

Der 28. Mann, der ein Freak ist

Der Putzteufel

Ella (25), Bäuerin, München,
über ihre Beziehung mit
Bernie (27), Personalberater, München

Mein Freund hat ein Problem. Und das schon länger. Klar, erste Anzeichen sind mir schon in der Kennenlernphase nicht verborgen geblieben, doch ich tat das einfach als harmlosen Tick von ihm ab. Irgendeine Macke hat schließlich jeder. So war Bernie extrem penibel, wenn es um sein Auto ging. Das erschien mir auch nicht weiter eigenartig, weil ich keinen Mann kannte, der sein Auto nicht außerordentlich hegte und pflegte.

Trotzdem wirkte es auf mich etwas befremdlich, als Bernie beim ersten Date auf das »Schuhabklopf-Ritual« pochte, als ich zu ihm in den Wagen steigen wollte. Er hielt mir galant die Tür auf, ich hob den linken Fuß, da unterbrach er meine Bewegung mit den Worten: »Würdest du bitte so nett sein und dich zuerst mit dem Hintern hineinsetzen, die Füße aber währenddessen noch auf dem Asphalt lassen? Dann hebe bitte die Beine an und schlage die Schuhe dreimal aneinander, damit der Dreck zu Boden rieselt.«

Es war ja nicht so, dass ich mich in Latzhose und mit in Kuhscheiße getunkten Gummistiefeln in seine Luxus-Karosse schmeißen wollte. Ich trug nagelneue High Heels, die gerade mal mit ein Dutzend Schritten den sauberen Hof von meinem Wohnhaus zu Bernies Auto überquert hatten. Aber gut, es war ja auch sein Auto und ich wollte nicht zickig sein. Und so klatschte ich meine Füße folgsam zusammen. *Bum, bum, zack!*

Der zarte Riemen rutschte von meiner Fessel und der linke Schuh flog im hohen Bogen davon und knallte auf den Boden. Ich wollte aufstehen und ihn wieder holen, doch Bernie hielt mir seine gespreizte Hand vor das Gesicht. »*Stopp!* Bleib, wo du bist und berühr ja nicht den Boden mit deinem nackten Fuß. Ich hol dir deinen Schuh.«

Während ich so dasaß, einen Fuß am Boden, der andere baumelte in der Luft, bekam ich einen Krampf im Bein. Doch schon galoppierte mein Prinz mit dem Schuh wieder heran. Er streifte ihn mir über – natürlich dreimal abgeklatscht –, und dann fuhren wir auch endlich los.

Obwohl wir eine Menge lachten und ein bisserl weniger tranken, vergaß Bernie auch beim Nachhausefahren das Ritual nicht. Mahnend hob er die Augenbrauen und trällerte: »Schuhe abklopfen nicht vergessen!«

Ich schlug mir auf die Stirn. »Ach, ich Dummerle. Wie konnte ich nur!«

Nach ein paar Verabredungen lud mich Bernie zum ersten Mal in seine Wohnung ein.

Andere Männer empfangen die neue Freundin mit einem Kuss, er überreichte mir zwei Duschhauben. »Wenn du die Schuhe anbehalten willst, dann zieh dir bitte das Plastik über die Füße.«

»Das ist jetzt ein Witz, oder?«

»Nein.«

»Verlangst du das von jedem Besucher?«

»Ja.«

»Weißt du was: Ich zieh die Schuhe im Flur aus. Mit den Socken werde ich dein Reich wohl betreten dürfen. Oder muss ich vorher fliegen lernen?«

Ich sah förmlich, wie ein ganzer Brocken Erleichterung von Bernies Herzen fiel. Und einen Kuss gab's anschließend auch noch.

Neben seinem einladenden Hautgeruch strömte mir eine Mischung aus Desinfektionsmittel und Chlor in die Nasenlöcher, ähnlich wie in Hallenbädern. »Was stinkt hier so?«

»Stinkt?« Bernie war über meine Frage entsetzt. »Ich habe gerade geputzt!«

»Und alles mit hundertprozentigem Alkohol abgerieben?«

»Ich weiß nicht, was du hast? Ich finde, es riecht *herrlich* hier. Ich *liebe diesen Geruch*!«

Bernie schloss die Augen und inhalierte die Luft um sich herum, als ob es der Duft von Rosenblüten wäre.

Um es kurz zu machen: Bernies Äußeres spiegelte das Innere seiner Wohnung wider. Der dunkelbraune Holzboden glänzte, als ob darüber eine dicke Schicht Lack wäre, kein einziges, noch so kleines weißes Fusselchen traute sich, darauf hinabzuschweben. So ist es auch mit Bernies glänzendem dunkelbraunen Haar, das er stets mit einer halben Tube Gel nach hinten plättet. Ich frage ihn oft nach dem Sinn seiner täglichen Haarwäsche, da sein Haar eh immer so ausschaut, als ob es monatelang kein Wasser und Shampoo gesehen hätte.

Die Einrichtung in seiner Wohnung war spärlich, aber edel, geschmackvoll, aber auch irgendwie ungemütlich, einfach zu steril. Es hing kein Bild an den Wänden, dafür projizierten Spots an der Decke Lichtkreise auf die weiße Farbe. Die Küche sah aus, als ob darin bisher nicht einmal eine Tasse Tee gekocht worden wäre. Im Badezimmer war ein Spiegel überflüssig, weil man sich auch in den blank polierten Wasserhähnen sehr gut erkennen konnte, die Bettwäsche im Schlafzimmer war so knitterfrei wie die hellblauen Hemden, die er immer trug, und auf der Glasplatte des quadratischen Couchtisches war kein einziger Fingerabdruck zu sehen.

»Ah, schönes Sofa. Hast du es gerade erst geliefert bekommen«, fragte ich und fuhr mit der Hand über das Plastik, mit dem der weiße, in sich gemusterte Baumwollstoff überzogen war.

»Nein, die Folie ziehe ich immer darüber, wenn ich beim Fernsehen etwas esse. Weiß ist ja so empfindlich. Wenn darauf ein Fleck käme, nicht auszudenken!«

Gekonnt entfernte er den durchsichtigen Schutz mit einer einzigen Handbewegung, glättete ihn am Boden und faltete das Plastik liebevoll zusammen, als ob er daraus eine kunstvolle Servietten-Figur basteln wolle.

Von da an sahen wir uns nun jedes Wochenende und ich bekomme seitdem sein Sauberkeitsprogramm hautnah mit. Der Samstag ist Bernies unumstößlicher Putztag, komme was da wolle. Während ich bei mir zu Hause gerade mal Glasreiniger und Neutralseife habe, ist das Herzstück von Bernies Wohnung sein begehbarer Putzschrank. Ein sechs Quadratmeter großer Raum, der Produkte beherbergt, die ich mein Lebtag noch nicht gesehen, geschweige denn benutzt habe. Neben den gängigen Sachen wie Staubsauger, Wischmopp und verschiedene Reinigungsmittel sind die Regale vollgestopft mit speziellen Fugenreinigern, Dampfstrahlern, acht verschiedenen Sorten an Desinfektionsmitteln, einem Wasserbesen mit einem Dutzend Düsen und und und.

Bernie ist immer bestens über die neuesten Reinigungsgeräte und innovativsten Putzmethoden informiert. Hast du, oh Schreck, einen Fleck, frag Bernie. Stundenlang schaut er Homeshopping-Sendungen an. Nicht oft genug kann er sich reinziehen, wie die Hausfrau mit dem praktischen Dampfsauger zuerst den WC-Boden reinigt und anschießend appetitlich die Milben auf der Matratze plattdünstet.

Wehe dem, der Bernie während seiner Putzorgie stört. So hat er prinzipiell den ganzen Samstag sein Handy ausgeschaltet, mit ihm irgendetwas unternehmen zu wollen, ist dann sowieso ein Ding der Unmöglichkeit. Wenn eine Familienfeier auf seinen heiligen Tag fällt, dann bringt das sein ganzes Wochenkonzept durcheinander und er muss sämtliche Putzvorhaben auf den Sonntag verschieben. Bernie mag es überhaupt nicht, und das ist der große, große Vorteil, wenn ich ihm zur Hand gehe. Also schaue ich in der Zwischenzeit fern, lese ein Buch oder arbeite am Computer.

Staubsaugen ist übrigens Bernies liebste Hausarbeit. Mit Inbrunst saugt er alles ab, was man nur absaugen kann. Da kommt es dann schon mal vor, dass er mit dem Saugrohr über die Tastatur des Laptops fährt, an dem ich gerade arbeite und – *plopp* – das L einsaugt oder das M.

Das alles nehme ich gelassen hin, auch, wenn er mir mittlerweile zum hundersten Mal eingebläut hat, dass ich nach dem Duschen mit dem dafür bereitgelegten Wischtuch den Badewannenrand trocknen soll, damit sich nicht unschöne Wasserflecken bilden oder – viel schlimmer – grässlicher Schimmel ansetzt. Mein Gott, ich denke halt einfach nicht daran! Er kriegt kurz die Krise und legt dann selbst Hand an.

Vor Kurzem bekam *ich* aber die Krise: bei unserem ersten gemeinsamen Urlaub. Wir waren bei Freunden von meinen Eltern eingeladen, die in Spanien eine Finca besitzen. Herzlich wurden wir empfangen und am Abend hatte Mamas Freundin Margarete schon eine ausgezeichnete Paella mit Meeresfrüchten gezaubert. Alle saßen um den runden Tisch – Claudio, Margaretes Mann, Margarete und ich. Nur Bernie fehlte. »Er ist sich kurz frisch machen gegangen«, entschuldigte ich ihn. Als er nach zehn Minuten noch immer nicht aufgetaucht war, ging ich in den ersten Stock, um ihn zu holen. Ein mir nicht unbekannter Duft schwebte in meine Nase – Desinfektionsmittel! Meine Schritte Richtung Badezimmer wurden schneller. Ich riss die Tür auf.

»Frisch machen? Das nennst du frisch machen?«, fuhr ich ihn an, gerade so laut, dass unsere Gastgeber davon nichts mitbekamen. Er kniete am Boden vor der Dusche, hatte gelbe Gummihandschuhe übergezogen und schrubbte wie ein Besessener die Wanne. Das WC links von ihm war so nass, als ob es von einer Meereswelle erfasst worden wäre, an den Seiten tropfte es überall runter, dass sich am Boden schon kleine Bäche gebildet hatten. Kein Quadratmillimeter der Keramik war von dem Desinfektionsmittel verschont geblieben.

Leise ließ ich die Tür ins Schloss fallen. »Was tust du da?«, zischte ich. »Putzen. Das siehst du doch«, anwortete er ungerührt.

»Warum? Hier ist es doch blitzsauber! Oh Gott, wie peinlich! Wenn die das mitbekommen! *Hör sofort auf damit!*«

Doch Bernie dachte nicht im Traum daran. Er putzte munter weiter. Mittlerweile brauchte man schon eine Gasmaske in dem Raum. Ich riss Toilettenpapier von der Rolle und wischte damit das alles abtötende Mittel vom Klo. Als Bernie das sah, hörte er wutentbrannt mit dem Schrubben auf und versuchte, mir das Klopapier zu entreißen.

»Das muss erst einwirken«, schrie er. In dem Moment öffnete sich die Tür und Margarete stand da. »Wo bleibt ihr denn?« Als sie uns beide so über die Kloschüssel gebeugt sah, ich mit dem nassen Papier, Bernie mit seinen Handschuhen, hatte sie eine andere Frage: »Was macht ihr hier?« Neugierig kam sie näher, sie sah den Schwamm in der Dusche und das Desinfektionsmittel am Boden. Ihre Miene verfinsterte sich augenblicklich. »Das wäre nicht notwendig gewesen, ich habe heute das Badezimmer und den Rest des Hauses gründlich geputzt.« Ihre Stimme klang verletzt, traurig.

»Jetzt siehst du, was du angerichtet hast«, fauchte ich Bernie an. Doch der wurde nicht einmal rot.

»Es tut mir leid, Margarete. Bernie ist halt extrem ...« Ich suchte verzweifelt nach Worten.

»Schon gut, schon gut.« Margarete drehte sich um und ging die Treppen hinunter.

Ich war stinksauer auf Bernie. Obwohl er sich danach bei Margarete entschuldigte und ihr auch erklärte, dass es nicht an ihr liege, sondern an seinem Putzwahn, und die Stimmung etwas besser wurde, hatte ich trotzdem das Gefühl, dass die beiden froh waren, als wir nach sieben Tagen wieder abreisten.

Seit diesem Erlebnis übernachten wir auf Reisen nur noch in Hotels. Da ist die Putzfrau wenigstens froh, dass sie von Bernie entlastet wird.

Der 29. Mann, der ein Freak ist

Ein schöner Nebenverdienst

Liane (21), Krankenschwester, Stuttgart,
über ihre Beziehung mit
Johann (25), Kameramann, Stuttgart

So wie das Bermudadreieck Schiffe verschlingen soll, so aß irgendetwas seit einiger Zeit meine Unterhosen. Es war mir ein Rätsel. Natürlich konnte ich das eine oder andere Teil verschmerzen, ich besaß ja auch genug, sicher an die hundert Stück, aber trotzdem war es ärgerlich. Gut, ich geb's ja zu, ich bin ein Chaot. Wahrscheinlich hatte ich meine Unterwäsche überall auf der Welt verstreut: in den Duschkabinen des Fitnesscenters, bei den Freundinnen, wo ich ab und zu übernachtete, und seit Kurzem natürlich bei Johann, mit dem ich seit drei Monaten zusammen war.

Ich rief ihn an.

»Ich kann meine hellblaue Panty nirgends finden. Habe ich sie vielleicht bei dir vergessen?«

»Nein, nicht dass ich wüsste. Ich schau mal nach und wenn ich sie finde, dann gebe ich sie dir heute Nacht wieder. Du kommst nach deiner Schicht ja eh zu mir ...«

»Ja. Ich weiß aber nicht, wann das sein wird.«

»Egal.«

»Es kann spät werden.«

»Egal. Komm vorbei. Hauptsache, du bist da.«

In Johann war ich verliebt. Wenn ich so recht darüber nachdenke, zum ersten Mal in meinem Leben. Das war vielleicht auch der Grund, warum er der erste Mann war, mit dem ich es mehr als dreißig Tage lang aushielt. Vorher hatte ich belanglose Affären. Mit Jungs, die nicht wissen, wie man eine Frau nehmen muss. Johann war von einem anderen Kaliber. Er wusste, wie er sich und mich in Szene zu setzen hatte. Wir lernten uns über eine gemeinsame Freundin kennen, die für einen lokalen Fernsehsender eine Modereportage drehte. Da sie Models zum Nulltarif anheuern sollte, tat ich ihr den Gefallen und zeigte mich vor Johanns Linse in gewöhnungsbedürftigen Dirndlkreationen.

Er tänzelte mit seiner Kamera um mich herum und umwarb mich mit schmeichelnden Sätzen: »Du solltest unbedingt professionell modeln. Dein Körper hat die perfekten Proportionen«, oder »Dein ausdrucksstarkes Gesicht würde die Filmleinwand zum Beben bringen.«

Ja, mein Gott, er übertrieb vielleicht etwas … aber welche Frau hörte so etwas nicht gerne? Seine Komplimente gingen runter wie Öl und benetzten jeden Winkel meines Körpers mit einer warmen, zart prickelnden Verliebtheit. Obwohl Johann eigentlich überhaupt nicht mein Typ war. Er hatte ganz helle, fast weiße Haare, hellblonde Augenbrauen, die sich wie ein zarter Flaum über den Wimpern wölbten, und eine milchige, fast durchsichtige Haut, wie ein Engerling. Aber sein Charme machte die äußerlichen Defizite wieder wett. Und ehrlich gesagt: Im Bett war er auch nicht schlecht.

Nach einer ereignisreichen Nachtschicht im Krankenhaus fuhr ich in seine Wohnung, ich brauchte ein wenig Entspannung. Die bekam ich auch, nur mein nachtblaues Höschen danach nicht mehr. Spurlos verschwunden. Am nächsten Tag musste ich mich mit Johanns Boxershorts begnügen. Der kaufte mir dann auch gleich ein komplettes Unterwäsche-Set mit Stringtanga, Spitzendessous, Baumwollripp, Panty und Minislip. Nun hatte ich auch bei ihm meine Wäsche und er bot mir sogar an, sie für mich in die Waschmaschine zu geben.

Von da an kümmerte er sich mit Hingabe darum und räumte mir sogar eine Wäschelade leer. Die war wie der Goldesel. Ich konnte hineinschauen, wann und wie oft ich wollte, wieder und wieder, die Lade wurde nie leer und spuckte ständig neue Unterhosen aus. Zwar hatte ich manchmal ein Stück Stoff in den Händen, das mir gänzlich fremd war und so überhaupt nicht meinen Geschmack traf, offenbar aber den von Johann. Wie etwa ein Tanga in wildem Leopardenprint oder ein schwarzer Body, der im Schritt mit Druckknöpfen zu schließen war und im Brustbereich einen Netzeinsatz hatte. Wahrlich unbequem so ein Teil, doch Johann flehte mich auf Knien an, ihn wenigstens einmal anzuziehen. Als Aufwandsentschädigung für seine Waschtätigkeiten tat ich ihm den Gefallen und trug den Body zugeknöpft während unseres Vorspiels und aufgeknöpft während des Sex.

Es kam dann immer öfter vor, dass einige Unterhosen von mir fehlten, dafür aber trotzdem immer neue in der Lade auf mich warteten. Wenn ich Johann darauf ansprach, meinte er nur, dass eine Frau nie genug schöne Unterwäsche haben könnte. Wenn ich wissen wollte, wo denn das eine oder andere Teil geblieben war, winkte er kurz angebunden ab: »Noch in der Schmutzwäsche.«

Eine Sache war aber trotzdem merkwürdig: Er kaufte mir nie, wirklich *nie*, den passenden BH dazu. Doch auch dafür hatte er eine Erklärung: »Ich steh einfach nicht so auf Büstenhalter.«

Eines Abends, wir machten es uns gerade bei ihm zu Hause gemütlich, klingelte sein Handy. Rick war dran.

»Mist, ich hab unser Treffen total vergessen«, fluchte Johann ins Telefon. Er sprang von seinem Laptop auf, gab mir einen flüchtigen Kuss und während er sich rasch die Jacke überzog, erklärte er: »Ricks Freundin hat mit ihm Schluss gemacht. Er braucht mich. Ich mach schnell.«

Das war das erste Mal, dass ich alleine in seiner Wohnung war. Ich setzte mich an den Computer, um ein bisserl im Internet zu surfen.

Durch das Drücken einer Taste holte ich den Bildschirm aus der Ruhephase und Johanns Posteingang leuchtete mich an.

Na, dann schauen wir mal nach, wer ihm so alles schreibt! Nur Männer, ich scrollte mit der Maus rauf, ich scrollte runter, ja, nur Männer! Als ich auf »Gesendet« ging, sprangen mir zwei Sachen sofort ins Auge: Absender war immer eine »Ariella« und in der »Betreffzeile« standen die einfachen, aber aussagekräftigen Worte »Feuchte Höschen«. Ein mulmiges Gefühl dehnte sich in meinem Magen aus und die Maus unter meiner Hand fuhr nervös hin und her, als ich eine E-Mail öffnete. Das Zittern wanderte über meine Arme bis zu den Schultern hinauf und festigte sich zu einem rießigen Kloß im Hals, als ich den Inhalt las. Es stand dort in etwa: »Lieber Höschen-Liebhaber, ich freue mich, dass dir mein Intimduft den Verstand geraubt hat. Gerne schicke ich dir in den nächsten Tagen die Baumwoll-Panty zu, die sich durch meine lange Nachtschicht im Krankenhaus besonders gut vollgesaugt hat! Bleib mir treu! Deine immerfeuchte Ariella.«

Ein Schleier legte sich auf meine Augen und der Kloß im Hals drückte mir nun die Luft ab. Mir wurde eiskalt. Ich klickte auf die Homepage, die unter der Signatur stand. Eine vollbusige Krankenschwester in einem aufgeknöpften weißen Kittel und in weißen Spitzendessous lag quer über den Bildschirm. Das metallische Bruststück ihres Stethoskops presste sie mit der Hand auf ihre Muschi, darunter stand: »Alle meine Höschen werden auf die richtige Muschifeuchtigkeit überprüft.«

Oh! Mein! Gott!

Johann erfüllte meine Höschen komplett mit Leben. Obwohl einiges an der Homepage noch im Aufbau war, die wichtigsten Eckdaten von mir, sprich »Ariella«, waren dort aufgeführt. So wusste ich noch gar nicht, dass ich eine graue, samtig-weiche Katze hatte und meine Lieblingssportarten all die waren, bei denen man mit Bällen spielt. Interessant wurde die Abteilung »Meine Dufthöschen«. Meine verschwunden geglaubten Unterhosen tauchten auf dem Bildschirm als bunter Strauß von Muschiduft-Höschen plötzlich wieder auf. Mit werbewirksamen Texten veredelt, wie etwa: »Diesen Traum aus Satin habe ich während eines langweiligen Fortbildungsseminars getragen. Den ganzen Tag über habe ich meine Muschi am Sessel gerieben und daran gedacht, was ich abends alles mit meinem Freund anstellen werde. Ich bin förmlich ausgelaufen.«

»Was tust du hier???«

Johanns Schrei löste beinahe einen Herzinfarkt bei mir aus, so sehr überrumpelte mich sein plötzliches Erscheinen. Doch ich fasste mich schnell wieder.

»Was ich hier tue? Was ich hier tue? Die Frage ist doch wohl eher: Was tust du da?« Wie von einer Tarantel gestochen, schnellte ich aus der weichen Polsterung des Sessels hoch. Jede Faser meiner Muskeln war angespannt.

»Das geht dich überhaupt nichts an!«, schrie Johann zurück.

»Das geht mich nichts an, das geht mich nichts an? Das sind meine Höschen! Verstehst du! Meine Höschen!!!«

»Ach Herrgott noch mal. Deine Höschen! Jetzt übertreib aber nicht! Du hast sie eh nur einmal getragen!«

»Öfter ging ja wohl auch schlecht, wenn du sie danach gleich verkaufst! Oh Gott, wenn ich daran denke, dass fremde Männer an mir rumschnüffeln. *Mir wird schlecht, schlecht wird mir, ich könnte kotzen!«*

Johann packte mich an den Schultern und rüttelte mich, als ob er die ganze Wut aus mir herausschütteln wollte.

»Beruhige dich doch, jetzt beruhige dich! So darfst du das nicht sehen. Es weiß ja keiner, dass *du* das bist!«

»Aber ich weiß es!« Ich boxte mich aus seiner Umklammerung. »Lass mich los! Lass mich sofort los! Ich ekele mich vor dir! Dir macht es wohl überhaupt nichts aus, dass fremde Männer an mir riechen! Du perverses Schwein!«

Ich lief zu meiner Wäschelade, riss wie eine Wahnsinnige daran und schleuderte ihm alle Unterhosen daraus entgegen.

»Jetzt beruhige dich doch, Liane. Lass uns darüber reden …«

»Darüber reden? Es ist aus, so was von aus! Glaubst du im Ernst, ich bleibe noch eine Sekunde länger mit dir zusammen!«

In Windeseile packte ich meine Klamotten und drückte ihm eine Unterhose ins Gesicht. »So! Und die kannst du jetzt alle selber tragen und verkaufen!«

Als ich den Reißverschluss von meiner Sporttasche zuzog, zog auch die Heiserkeit in meine Stimme. »Wie viel hast du denn so verdient mit mir? Was ist denn mein Muschiduft wert?«

»Ein paar hundert Euro im Monat waren schon drin«, meinte Johann fast stolz.

Ich schloss die Augen und schüttelte nur noch den Kopf.

»Aber klar doch!«, schoss aus Johann eine zündende Idee. »Dass ich daran nicht schon längst gedacht habe! Du bekommst natürlich deinen Anteil! Oder noch besser: Wir ziehen dieses lukrative Geschäft gemeinsam auf. Jetzt, wo du eingeweiht bist, könnten wir jeden nur erdenklichen Wunsch befriedigen! Ich habe so viele Anfragen bezüglich Höschen mit Regelblutung. Ach, es gibt ja so viele Gestörte auf dieser Welt!«

»Ach ja?«

Ich warf ihm einen letzten verächtlichen Blick zu und ließ die Tür ins Schloss fallen.

Eine Woche lang versuchte Johann meine Höschen wieder zurückzuerobern. Mit Blumen, mit Briefen, mit Geschenken. Doch es half nichts, meine Gefühle für ihn waren weg und meine Unterhosen blieben ein für allemal trocken.

Der 30. Mann, der ein Freak ist

Der eifersüchtige Sammler

Claudia (27), Bardame, Wien,
über ihre Beziehung mit
Lorenz (29), Musicaldarsteller, Wien

Ich verstehe die Frauen. Obwohl ich biologisch gesehen gar keine Frau bin. Eigentlich bin ich als Mann geboren, merkte aber bald, dass ich mich in meinem Körper nicht wohlfühlte. Nach meinem Outing begann eine schlimme Zeit. Depressionen fraßen mich fast auf, ich verkroch mich immer mehr, wollte mit niemandem Kontakt haben. Meine Familie zog sich von mir zurück, auch viele Freunde, ich musste mir als Frau ein völlig neues Leben aufbauen.

Um Sex zu haben, ging ich in einen Swingerclub, der so was wie mein neues Zuhause wurde. Mit der Geschäftsführerin von dort freundete ich mich an, sie wurde zu einer Art Ersatzmutter. Sie war es auch, die mich ermutigte, die entscheidenden Schritte zu meiner neuen Identität zu tun. Einen Schwanz habe ich zwar immer noch, sonst bin ich aber eine ganze Frau.

Als ich nach einer langen Reise zu meinem wahren Ich endlich bei mir angekommen war, lernte ich Lorenz kennen. Er war der erste Mann, der mir zu verstehen gab, dass er Interesse an einer Beziehung hatte. Wenn ich im Swingerclub durch die schwülstigen Räume wandelte, klebten ständig unzählige lüsterne Augenpaare auf meinem Fleisch. Die meisten davon gehörten verheirateten Männern, die mich, wenn sie sich unbeobachtet fühlten, an die kalte Wand in einer dunklen Ecke drückten und fickten. Dann strichen sie sich mit dem Schweiß auf ihrer Brust die Haare zurück und gingen, als ob das nie geschehen wäre, wieder zu ihren Ehefrauen. Arme Schweine.

Lorenz hingegen schmuste vor aller Augen an der Bar mit mir und machte unmissverständlich klar, dass er mich für sich haben wollte. Das erste Mal in meinem Leben hatte ich nun einen Partner.

Es war großartig. Lorenz bestand auch darauf, dass ich bald zu ihm zog. Den Gefallen tat ich ihm gerne, denn meine Dreißig-Quadratmeter-Einzimmerwohnung konnte mit seiner Dachterrassenwohnung in der Innenstadt beileibe nicht mithalten. Er bestand auch auf Monogamie: Swingerclubs und sonstiges Fremdgehen seien ab sofort tabu. Treue war für ihn das oberste Gebot in einer Partnerschaft. Da war er altmodisch. Was ganz in meinem Sinne war. Obendrein beeindruckte mich auch seine Großzügigkeit. Er kaufte mir ein Auto, damit ich unkompliziert und sooft wie möglich zu seinen Auftritten fahren konnte.

Ich war unsagbar verliebt in ihn. Zum Problem wurde allerdings seine Eifersucht. Immer wieder machte sie sich bemerkbar. Wenn wir zusammen waren und mein Handy klingelte, dann fragte er, wie ein Papagei, ständig nach: »Wer war das? Wer war das?«

Hundert Mal hatte ich ihm schon erklärt, dass nur zwei Personen mich anrufen würden: Ingrid oder Hannelore, die Geschäftsführerin und die Putzfrau vom Swingerclub, mittlerweile meine besten Freundinnen. In der Nacht wurden diese Damen ja erst munter und dann kam es hin und wieder halt vor, dass um vier Uhr früh mein Handy schellte und Lorenz und mich aus den Träumen riss. Erst wenn ich ihm dann das Telefon vor seine schläfrigen, zugekleisterten Augen hielt, und er den Namen auf dem Display sah, ließ er sich zufrieden zurück auf sein Kopfkissen fallen.

Am Morgen darauf spulte er bei Kaffee und Müsli sein Programm ab: »Warum hast du noch Kontakt mit ihnen, was wollen die von dir, besuchst du hinter meinem Rücken wieder den

Swingerclub, warum gehst du bei mir nicht immer gleich ans Handy, wieso kommst du nicht mehr so oft wie früher zu meinen Vorstellungen?« Fragen über Fragen. Mir waren das zu viele Warums, Wiesos, Weshalbs. Als Lorenz merkte, dass ich keine Antworten mehr geben konnte und wollte und stattdessen dunkle Schatten mein Gesicht verfinsterten, hörte er mit der Zeit auf. Doch etwas sagte mir, dass das die Ruhe vor dem Sturm war.

Ein laues Lüftchen läutete ihn ein, als ich an einigen Abenden in der Woche als Bardame in einem Schwulenclub zu arbeiten begann. Mit zornigem Blick fragte mich Lorenz, ob ich den Verstand verloren hätte: Dort sei die Gefahr der Verführung ja direkt vor meiner Nase und warum ich außerdem überhaupt arbeiten wolle, er bringe doch schließlich genug Geld für uns beide nach Hause. Mein Kopf war schon übervoll von all seinen Unterstellungen, Verboten, Eifersuchtsanfällen. Ich sagte ihm klipp und klar: »Entweder, du akzeptierst, dass ich in dieser Bar arbeite, oder ich verlasse dich. Wenn du jemanden willst, der dir auf Schritt und Tritt folgt, dann schaff dir einen Hund an.«

Das saß und wir arbeiteten nun beide: Ich ging in die Bar, Lorenz auf die Bühne. Nach seiner Vorstellung wehte ihn die Eifersucht aber direkt zu mir an den Tresen. Mit Adleraugen schaute er jeden einzelnen Mann in meiner unmittelbaren Nähe an.

»Warum hast du mit dem so lange gesprochen?«, fuhr er mich an, als ein junger Mann mit ausgesprochen feinporiger Gesichtshaut bei mir einen Drink bestellte.

»Lange gesprochen? Der wollte doch nur zwei Gläser Wein für sich und seinen Begleiter!«

»Zwei Gläser Wein. Das sind drei Wörter, sprich zwei Sekunden. Er war aber bestimmt fünf Minuten bei dir.«

Ich versuchte, seine Aussagen zu ignorieren, doch das war ein Ding der Unmöglichkeit. Er hörte nicht auf, ganz im Gegenteil, jetzt legte er erst richtig los.

»Dieser blondgelockte Jüngling da drüben«, er deutete mit dem Kopf in seine Richtung. »Mit welch verliebtem Glanz in seinen Augen er dich anstarrt. Fickt ihr?«

»Hör sofort auf damit! Das ist ein Stammkunde und ein sehr netter Mensch. Und nein: *Wir ficken nicht!* Wenn du nicht augenblicklich deine Klappe hältst, dann lass ich dich rausschmeißen.«

Lorenz wollte zum Gegenschlag ausholen, doch ich beugte mich über den Tresen und mein ganzer Körper, besonders mein Glitzerhaarreifen, funkelte vor Wut. *»Das ist mein voller Ernst.«* Lorenz' Gesicht erstarrte, er schluckte einmal langsam und hörbar und trottete dann mit eingezogenem Schwanz aus der Bar.

Seit diesem Zwischenfall besuchte er mich zwar noch immer in regelmäßigen Abständen, doch kein eifersüchtiges Wort verließ mehr seinen Mund. Er beobachtete nur, mich, die Männer, das Geschehen, jedes Detail sog er in sich auf. So lautlos, wie er gekommen war, verschwand er auch wieder. Stille auch zu Hause. Unsere Beziehung plätscherte zu meiner Erleichterung friedlich vor sich hin, Tag für Tag.

Dann musste mein Auto in die Werkstatt, irgendetwas war mit der Kupplung. Lorenz und ich teilten uns einstweilen sein Gefährt. Bevor ich in die Bar fuhr, lieferte ich meinen Musicalstar beim Theater ab.

Auch das noch, Verkehrskontrolle! Missmutig hielt ich dem Polizisten meinen Führerschein hin, Lorenz' Zulassungsschein konnte ja wohl nur im Handschuhfach sein. Als ich es öffnete, leuchtete mir eine goldene Box entgegen, links davon lag das Etui mit dem Dokument.

Als das mit dem Bullen erledigt war, griff ich nochmals ins Handschuhfach und holte die Schachtel heraus. Ich hob den Deckel auf, Stoff, tiefschwarzer Samt, lag darin. Merkwürdig. Gleichgültig holte ich den Inhalt heraus und sah, dass es sich um viele einzeln zusammengefaltete Stoffstücke handelte. Ich schlug eins davon auf. Was sollte denn das? Um besser zu sehen, hielt ich den Samt unter die kleine Lampe im Auto. Zwei blonde, ungefähr zehn Zentimeter lange Haare waren am Stoff festgeklebt. Über jedem Haar stand ein Datum: 8.11.2008 und 25.11.2008.

Ich schlug die anderen Samttücher auf. Immer dasselbe Bild. In jedem Stofffetzen waren mal mehr, mal weniger Haare, aber immer von der gleichen Sorte und immer mit verschiedenen Daten versehen. Lorenz hatte eine ganze Haarkollektion angelegt: Schwarze kurze Haare waren dabei, lange braune und ganz schneeige Haarfäden. Was wollte er damit und was waren das für Haare? Vielleicht hatte er ja einen Fetisch und ich wusste nichts davon? Sei's drum, ich dachte nicht weiter darüber nach und beschloss, ihn bei nächster Gelegenheit darauf anzusprechen.

Eines späten Abends, ich war schon in der Bar und die ersten Gäste trudelten ein, zog mich plötzlich die Ungewissheit nach draußen, ob ich mein, wieder fahrtüchtiges, Auto abgesperrt hatte. Ich bog um den Häuserblock, ging schnell den Gehsteig entlang und als mein Auto in Sichtweite war, sah ich die Beifahrertür geöffnet und eine schwarze Gestalt, die sich in meinem Wagen zu schaffen machte.

»*Heeeee*, was tust du da?«, schrie ich und lief, so schnell ich eben in acht Zentimeter hohen Pumps laufen konnte. »*Heeeeee, du Arsch!*«

Die Gestalt wurde plötzlich unruhig, zog den Kopf aus dem Auto und schlug sich den Schädel dabei an.

»*Verfluchte Scheiße*«, zischte sie.

Der Strahl einer Taschenlampe blendete mich.

»Ach, du Scheiße«, stieß sie nun aus und das Licht verschwand aus meinem Gesicht. Jetzt erst erkannte ich mein Gegenüber.

»*Lorenz!*«, schrie ich entsetzt.

Er ließ etwas in seiner Hosentasche verschwinden.

»Was hast du da?«

»Nichts«, sagte er unschuldig.

»Ich hab doch genau gesehen, dass du was in deine Hose gesteckt hast.« Flink griff ich hinein und holte eine Pinzette heraus.

»Was willst du mit der?«

Ich warf einen Blick auf den Beifahrersitz und was da lag, war mir nicht unbekannt: ein pechschwarzer rechteckiger Samtstoff, ich ging näher, fünf oder sechs blond gelockte Haare lagen darauf. Die Pinzette, die Haare – ich verstand.

»Das träume ich doch nur, oder?« Ich senkte den Kopf, griff mir mit der Hand an die Stirn und fuhr mit den Fingern so fest darauf herum, als ob ich seine Dummheit aus meinem Hirn reiben könnte.

»Du sammelst die Haare auf meinem Beifahrersitz ein? Willst du dir daraus eines Tages eine Perücke machen?«

Mein Gesicht brannte vor Wut. Lorenz stand beschämt da, als ob er nackt wäre, völlig in sich zusammengesunken, weich wie Butter. »Was bitte versprichst du dir davon?«, fragte ich ihn ruhig. »Spielst du *Aktenzeichen XY ... ungelöst* und glaubst, meinen angeblichen Geliebten mit einer Haarprobe zu überführen? Du bist ja vollkommen verrückt!«

Ich ließ mich erschöpft ins Auto fallen. »Du gehörst zum Arzt. Was ist nur los mit dir? Das ist ja alles nicht mehr normal.«

Lorenz sagte noch immer nichts.

»Was soll das Datum?« Verwirrung überzog nun sein Gesicht.

»Ich hab die Box entdeckt, in deinem Auto. Also, was soll das mit dem Datum bei den Haaren?«

Nach einer Weile des Schweigens stammelte er: »D-a h-a-b...« Er stieß einen lauten Seufzer aus und sagte dann sehr schnell: »An diesen Tagen habe ich die Haare im Auto gefunden. In der Bar habe ich dann verglichen: Welches Haar könnte welchem Mann gehören? Wann ist er im Lokal und wann und wie oft sind seine Haare am Polstersitz.«

»Interessant. Und was schließt du daraus? *Dass ich mit all meinen Beifahrern Sex habe?*«

»Na ja, mit allen vielleicht nicht. Aber bei meinen Recherchen hat sich schon ein eindeutiges Ergebnis herauskristallisiert.

»Aha. *Und welches bitte?*«

»Na ja. Am meisten Haare habe ich von dem blondgelockten Jüngling, der dich in der Bar immer so anstrahlt, gefunden. So wie heute eben auch.«

Eine eisige Kälte breitete sich in mir aus. »Vielleicht strahlt er ja so, weil er gerade eine Chemotherapie macht. Ich fahre ihn untertags immer ins Krankenhaus. Aber das hättest du doch nicht verstanden.«

Lorenz wollte was sagen, doch ich unterbrach ihn: »Lass es einfach, lass es einfach.«

Dann schleppte ich mich zurück in die Bar.

Noch in derselben Nacht zog ich bei ihm aus, in eine kleine Pension. Er wollte mich zurückhaben, versprach, sich zu bessern, seine Eifersucht zu bekämpfen, entschuldigte sich tausendmal bei mir. Doch ich bin zu einem Neuanfang nicht bereit. Noch nicht.

Der 31. Mann, der ein Freak ist

Die Nächste, bitte!

Anna (49), Haushälterin, Berlin,
über ihren Chef Erwin (43),
Direktor einer Vermögensberatungs-Agentur, Berlin

Emanzipation der Frau? Davon hält mein Chef wenig bis gar nix. Frauen seien dazu geboren, dem Mann zu dienen. Oder, wie er es ausdrückt: Nur Hausfrauen sind gute Frauen. Ich habe Glück: Ich bin eine. Mein Pech: in seinem Haus.

Doch ich beklage mich nicht, schließlich bezahlt er mich außerordentlich gut für meine Dienste. Ich nenn es Schmerzensgeld, denn was ich mit Erwin tagtäglich erlebe, das geht auf keine Kuhhaut. Mein Gott, ist dieser Mensch penibel!

Jeden Morgen müssen *all* seine Schuhe – und er hat viele – frisch geputzt, poliert und imprägniert in seinem begehbaren Schuhschrank vorzufinden sein. Logischerweise tue ich mir diese Arbeit nicht an, wozu auch, wenn er jeden Tag sowieso nur ein Paar trägt. Aber ich lasse ihn in dem Glauben und gut ist.

Wenn sich Erwin morgens endlich für seinen Tagesschuh entschieden hat, schreit er: *»Anna!«*

Ich trabe an und muss vor seinem gestrengen Blick das ausgewählte Paar abermals mit einem weichen Stoff beglücken. Wie ein Irrer starrt er dann mit großen Pupillen, sodass beinahe das Grün seiner Augen verschwindet, auf das spiegelnde Leder. Ich glaube, irgendetwas macht ihn geil daran. Oder ist es doch die Massage mit dem Fusselroller? So wie bei der Sicherheitskontrolle am Flughafen fahre ich meinen Chef anschließend mit der Kleiderrolle ab. Von Kopf bis Fuß, vorne, hinten, linke Seite, rechte Seite, Innenschenkel … Beschwingt zur Arbeit geht er dann immer. Dann mache ich das, was halt so getan werden muss in einem Singlehaushalt: Wäsche waschen, Wäsche aufhängen, Staub saugen, Betten machen, einkaufen gehen, Energie tanken für Erwin.

Am Abend ist er ja wieder da. Da ich bei ihm wohne und er keine feste Frau hat, die er spätabends noch belästigen kann, nervt er eben mich.

Bevor er in der Küche eine Kleinigkeit zu sich nimmt, dreht er eine Runde durchs Haus. Die Hände dabei in seine Hosentaschen gesteckt, den Kopf in den Nacken geworfen, sucht er Wände und Decken nach eventuellen Spinnweben ab.

»Ah! Annaaaaa!«

Sein Schrei klingt wie ein Wecker, der um vier Uhr früh grauenhaft schellt, in meinen Ohren. Meistens schon im Nachthemd trotte ich dann heran und schleppe mit schlaffen Armen den Staubsauger hinter mir her. »Wo hängen denn die Fäden, die Sie nicht schlafen lassen, weil Sie glauben, die Spinne würde über Nacht mutieren und Sie auffressen?«

Scharfsinnig zeigt er dann mit dem Finger an die Wände: »Da und da und da.«

Erst wenn die letzte klebrige Faser im Bauch des Staubsaugers verschwunden ist, kann mein Chef beruhigt zu Bett gehen.

Schreckliche Albträume plagen ihn auch, wenn er mitbekommt, dass *ich*, die ach so blöde Putze, wieder mal das Hirn ausgeschaltet und die Socken mit den Unterhosen und den Leiberln wild gemixt auf den Wäscheständer gehängt habe.

»Frau Anna. Wie oft habe ich es Ihnen nun schon erklärt, bestimmt schon tausend Mal. *Und Sie kapieren es noch immer nicht!* Die Unterwäsche gehört auf die linke Seite, die Socken auf die rechte Seite, alles andere können Sie in der Mitte des Ständers zum Trocknen aufhängen. Und immer nur über *einen Draht. Ist denn das so schwer zu verstehen! Eine* Unterhose, *ein* Draht!«

Zum einen Ohr herein, zum anderen wieder hinaus ...

Ja, so ist er eben. Ein Mann, den ich nicht einmal geschenkt haben möchte, auch wenn er mir eine Million drauflegen würde. Dass wir beide einmal ein Paar werden könnten, ist so realistisch wie eine Frau, die mit ihren Haaren zufrieden ist. Das sehen wir wohl beide so.

Schon allein die Optik stellt ein großes Hindernis dar. Zwischen meiner Physis und seinen Vorstellungen liegen nämlich Welten. Ich bin, sagen wir mal, vollschlank, dafür aber mit einem relativ kleinen Busen gesegnet und habe ständig Hunger. Erwin hingegen hat ein konkretes Anforderungsprofil an seine Bettgenossinnen: blonde Wallemähne, die Figur eines Topmodels, ein Höchstalter von 26 Jahren, 1,78 Meter groß und ein wohlgeformter Silikonbusen.

Passt ein Punkt nicht in das Barbieschema, wird die Frau entweder ruckzuck entsorgt oder passend gemacht. Während das sekundäre weibliche Geschlechtsmerkmal zwar operativ variiert werden kann, kann die Frau schlecht zurechtgestutzt oder aufgestockt werden. Sehr zum Bedauern von Erwin, denn schon oft war es so, dass Form und Verpackung perfekt waren und die potenzielle Beziehung nur an der Größe gescheitert ist. Wobei: Von Beziehung kann man in keinem der Fälle sprechen, denn im Durchschnitt wechselt mein Boss alle drei Monate seine Puppen.

Er lebt in dem Glauben, er sei Hugh Hefners Erbe. Ich bezeichne ihn als Playboy für Arme.

Trotzdem muss ich zugeben, dass er es immer schafft, die schönsten Frauen um sich zu scharen. Allerdings sind das auch jene, bei denen das Gehirn während der Geburt nicht mit herausgeschlüpft ist. Nur so ist es für mich zu erklären, dass diese jungen Dinger sich dermaßen erniedrigen lassen, ohne Bezahlung natürlich. Zum Beispiel seine letzte Eroberung, Tanja, 22 Jahre alt, ein Küken also. Mit ihr ist er seit mehr als sechs Wochen zusammen und ich hab so gut wie nie ein Wort von ihr gehört.

Außer vielleicht mal Guten Morgen, Guten Abend, Danke, Bitte. Die meisten Töne gibt sowieso ihr knurrender Magen von sich. Kein Wunder, wenn man am Morgen nur die Sesamkörner vom Knäckebrot isst und zum Mittag- und Abendessen in Luft beißt.

Wie dem auch sei: Erwin hat sein Bunny schon nach drei Wochen Kennenlernen in die richtige Form gegossen.

Bevor es zum Busendoktor ging, der ihr zwei monströse Plastikkuppen verpasste, stellte er Tanja zuallererst an die Messlatte. Mein Chef hat an der Wand neben seinem Bett einen Messstab aufgemalt, der bei 1,78 Meter endet. Ein paar Millimeter auf oder ab duldet er, doch weicht die Frau zu sehr von seiner Idealgröße ab, kann sie sich wieder schleichen.

Tanja konnte aufatmen, sie war richtig gewachsen und musste am nächsten Tag Erwins Haus-und-Hof-Friseur einen Besuch abstatten. Als sie zurückkam, war sie zwar ein Ebenbild ihrer Vorgängerinnen, aber mein Körper zuckt bei diesem Anblick jedes Mal aufs Neue zusammen. Vorher umwehten ihr Gesicht nur ein paar feine blonde Härchen, danach sah sie aus, als ob für ihre Haarpracht drei Mammuts rasiert werden mussten.

Jeden Tag kommt ihr Personal Trainer und trimmt ihren Körper in Form. Was man bei ihr noch in Form trimmen kann, ist mir ein Rätsel. Aber um Erwin zu gefallen, schwitzt sie: Waldlauf, Hanteltraining, Stretching, und zu guter Letzt die Stärkung des Beckenbodens. Etwas Schlaffes kommt Erwin unter keinen Umständen ins Bett!

»Tja, schon wieder einen Kunststoff-Stöpsel verformt. Was soll ich machen? Unglaublich, aber meine Muschimuskeln sind schon so hart wie Stein«, sage ich alle paar Monate zur Verkäuferin im Drogeriemarkt, die anerkennend den Kopf schüttelt, wenn ich wieder mal einen neuen Orgasmustrainer*, sicher schon den

---

* *Ein Stöpsel aus Kunststoff, wird vaginal eingeführt und soll bei täglich sechs Minuten Training die Orgasmus-Wahrscheinlichkeit steigern.*

zwanzigsten, für Erwins Freundinnen besorgen muss. Wenn sie die Villa dann wieder verlassen müssen, ist er auch das einzige Andenken, was sie – außer dem Silikonbusen – aus der Beziehung mitnehmen dürfen.

Apropos Schlussmachen: Sobald Erwin anfängt, die Frauen, wenn er mit ihnen ausgehen will, zum wiederholten Male zum Umziehen nach oben zu schicken, weil sie seiner Meinung nach seinen Kleidungsstil nicht optimal ergänzen, weiß ich: Morgen ist es wieder so weit. Bye-bye, Baby!

Tanja ist noch achtsam und gehorsam. Denn wenn sie sich, auch wenn Erwin nicht zu Hause ist, beim Fernsehen stündlich umsetzt auf dem Riesensofa, damit, so Erwins Theorie, keine Stelle zu sehr abgewetzt wird, ist die Welt noch in Ordnung.

Doch wenn er die Frau zum Teufel schickt, dann schleppt er an dem Schlussmach-Wochenende seinen Bierbauch, auf dem sich eine breite dunkelblonde Haarstraße in der Mitte gabelt und nach oben zu den Warzenhöfen ausläuft, durchs Haus. Der Rest seines schwabbeligen Fleisches ist dann nur mit Boxershorts, Seidenkimono und einer protzigen schweren Gliederhalskette bedeckt. Er setzt sich langsam und behäbig auf den Küchenstuhl, nimmt seine randlose Brille von der Nase, legt den runden roten Glatzkopf in die Hände und schaut auf die Stille des Wassers in seinem Pool.

Das ist der Moment, wo ich einen netten Zug an ihm entdecke: Auch wenn mein Chef alles ist, Gier gehört mit Sicherheit nicht zu seinen Charaktereigenschaften. Immerhin ziehen bei ihm die Bunnys nacheinander ins Haus, und nicht wie beim Playboy-Gründer drei gleichzeitig.

Der 32. Mann, der ein Freak ist

Schlag zu, dann komme ich!

Daphne (36), Dekorateurin, Wien,
über ihre Beziehung mit
Robert (36), Angestellter in einem Museum, Wien

Robert hatte was am Auge und ich keinen Fernseher. Diese Tatsachen führten uns im Wartesaal der Augenabteilung im Krankenhaus zusammen. Mein Gerät war gerade in Reparatur und ich wollte mir unbedingt, in aller Ruhe, ohne lästige Zwischenfragen von Freundinnen, einen Beitrag über Zwangsstörungen anschauen. Der Wartesaal im Krankenhaus schien mir dafür geeignet.

Es war schon spätabends und meine Schritte auf dem kalten Boden der Klinik breiteten sich mit lautem Hall über das gesamte Stockwerk aus. Da ich plötzlich Angst hatte, der Lärm würde durch die Türspalten auch in die Zimmer der Patienten kriechen und sie aus ihrem Schlaf reißen, trippelte ich auf Zehenspitzen weiter. Gespenstische Ruhe und ein Geruch von Gesundheit, Hoffnung, Tod und Desinfektionsmittel machten mir zu schaffen. Doch der immer näher kommende Lichtstrahl des Warteraums vertrieb das Unheimlichkeitsgefühl und ich marschierte beherzt durch die Glastür. Der Fernseher an der Decke war eingeschaltet, kein Ton, es lief Werbung.

Ein Mann saß in der ersten Reihe. Er sah aus wie ein Student, war aber sicher schon Mitte dreißig. Seine weißen Hände klammerten sich an einer verschlissenen alten Aktentasche fest, die auf seinen Oberschenkeln lag. Mit zarter, fast weinerlicher Stimme sagte er »Guten Abend« und schlug ein Bein über das andere.

Sein Gesicht war blass, fast noch heller als seine Haut an den Händen, aber irgendwie wirkte er interessant. Eine Narbe zog sich von seinem Nasenrücken über die linke Wange und verschwand unter einem Dreitagebart. Die buschigen dunklen Augenbrauen drückten schwer auf seine Lider, sodass man seine schöne Augenfarbe nur erahnen konnte. Bernstein.

»Stört es Sie, wenn ich den Fernseher auf laut schalte. Da ist ein Beitrag, den ich …«

»Nein, nein. Überhaupt nicht!«, fiel er mir ins Wort.

Die Sendung lief schon. Ich nahm mit drei Sesseln Abstand Platz.

Auf dem Bildschirm stand ein Mann mittleren Alters vor einer Tür und drückte die Türklinke nach unten, wieder und wieder und wieder. Die Verzweiflung und die Wut in seinem Gesicht sprangen einen förmlich an. Man spürte seinen inneren Kampf. Er wollte aufhören damit, doch er konnte es einfach nicht. Eine Stimme erzählte gerade von den verschiedenen Arten der Zwangsstörung.

»Ein Freund von mir legt jedes Mal, wenn er außer Haus geht, sämtliche Kerzen in seine mit Wasser befüllte Badewanne. Er hat sonst Angst, dass er seine Wohnung abfackelt. Schon seit er zwanzig ist, leidet er an solchen Zwangsgedanken, war schon bei hundert Therapeuten, aber irgendwie hat nie wirklich was geholfen. Ich bin übrigens Robert.«

Schüchtern streckte er mir die rechte Hand entgegen, ich spürte kaum einen Druck, so zaghaft berührte er meine Finger.

Ja, so lernte ich Robert kennen: als einen äußert sensiblen Menschen, der am liebsten zu Hause blieb und sich in seine Bücher vertiefte, der noch nie in einer Disco war, weil solche Orte, seiner Meinung nach, jedes Gespräch zerstörten, und der ganz generell Menschenansammlungen hasste. Deswegen sei er auch noch so spät im Krankenhaus. Ein befreundeter Arzt komme gleich und würde schnell ein Foto von seinem Sehnerv machen. Er habe da irgendeine Ausbuchtung und müsse das nun jedes Jahr kontrollieren lassen. Bevor er drankam, steckte er mir seine Telefonnummer zu. »Rufen Sie mich doch mal an. Würde mich freuen!«

Das tat ich dann auch, irgendwie faszinierte er mich. Wir verabredeten uns, und dann wieder und wieder und wieder. Nach unzähligen Theaterbesuchen, wir gingen erst auf unsere Plätze, wenn das Stück schon angefangen hatte, damit Robert vor der Menschentraube verschont blieb, und nach noch unzähligeren Abendessen in den schlechtesten Restaurants der Stadt, wo niemand, außer uns, saß, beschlossen wir, dass es nun an der Zeit wäre, sich intensiveren körperlichen Genüssen hinzugeben. Ich konnte es kaum erwarten, denn er war ein ausgezeichneter Küsser.

Robert kam zum ersten Sex in meine Wohnung und duftete nach einem wunderbaren Aftershave. Er war rasiert, so hatte ich ihn noch nie gesehen. Komischerweise machte ihn das nackte Gesicht aber um einiges älter. Er kramte in seiner alten Tasche und zog eine selbstbespielte CD heraus.

Dazu bemerkte er: »Zum *Boléro* poppt es sich am besten!«

Wie bitte? Mir blieb der Mund offen stehen. Und das weniger wegen der Tatsache, dass er keinen Kuschelrock ausgewählt hatte, sondern vielmehr, weil er solche Töne anschlug. Die Glut in seinen halbgeöffneten Augen war nur das Vorspiel zu einer vermutlich heißen Nacht. Er warf seine Tasche zu Boden: *»Wo ist dein CD-Player, wo ist dein CD-Player!«*

Wie ein aufgescheuchtes Huhn raste er durch meine Wohnung. *»Wo ist der CD-Player!«*

»Jetzt gib her! Was ist denn auf einmal los mit dir?« Ich fing ihn mitten im Lauf ab, packte ihn mit einer Hand am Pullover und mit der anderen riss ich ihm die CD aus der Hand.

»Gib her!« Und in diesem Moment stieg auch eine merkwürdige Angst in mir hoch, schließlich kann man nie wissen, zu welchem Ungeheuer ein Mann im Bett mutiert.

Aber ich hatte vorgesorgt, das tue ich schon die längste Zeit: In meinem Nachtkästchen liegt neben Vibrator und Kondomen auch ein Pfefferspray.

Ich warf also Roberts bevorzugtes Fick-Lied ein und als die Trommel in dem Stück den Raum erfüllte, begann Robert zu strippen. Zum Rhythmus des *Boléros* schritt er auf mich zu, schmiss einen Schuh zur Seite, dann den nächsten. Knopf für Knopf öffnete er nun, wie einstudiert, sein Hemd. Ich musste laut lachen. So temperamentvoll hatte ich ihn noch nie erlebt. Sein ganzes Gesicht freute sich, sogar seine Augenbrauen tanzten wild mit. Sehr lustig.

Wir standen uns gegenüber, nur ein halber Meter trennte uns, ich kam noch näher, um ihn zu küssen, doch er öffnete plötzlich den Mund, um zu sprechen: »*Watsch mich!*«

»Was?«

»*Watsch mich!*«

»Warum?«

»Warum nicht?«

»Ernsthaft?«

»Ja! Ich steh drauf!«

»Tut mir leid. Das mach ich nicht. Ich schlag dich doch nicht!« Entsetzt über seinen Wunsch wich ich zur Seite. Doch er rückte nach und nahm mein Gesicht in seine Hände. Eindringlich sagte er: »*Bitte*, ich krieg sonst keinen hoch! Ich brauch die Watschen einfach!«

Gab's denn nur noch Verrückte auf dieser Welt? »Ich weiß nicht so recht … Kann ich dich nicht irgendwo anbinden?«, suchte ich nach einer Alternative.

»*Nein, bitte! Es ist doch nur eine Watsche!*« Er winselte um Erlösung. Ich konnte das nicht mehr mit ansehen und tätschelte ihm kurz die rechte Wange.

»Das ist doch nicht dein Ernst! Den Kacktropfen einer Fliege würde ich mehr spüren. *Jetzt hau doch mal anständig zu!*«

Okay, kannst du haben, dachte ich. Ich drehte den Kopf zur Seite, kniff die Augen gerade so weit zu, dass ich noch Roberts Umrisse erkennen konnte, und beim nächsten Bolero-Trommelschlag schlug auch ich zu. Das durfte fürs Erste reichen.

Robert griff mit der Hand auf seine hellrote Wange und schaute etwas verstört aus der Wäsche. Er bewegte seinen Unterkiefer hin und her.

»War das jetzt zu fest?«, fragte ich besorgt.

»Nein, das war fantastisch fürs erste Mal!«

Ja, und dann ging's los, ja bist du deppert! So eine Ausdauer hatte ich noch bei keinem Mann zuvor erlebt. Mein Körper war ein Flammenmeer. Wie ein Werwolf stürzte er sich auf mich und machte Sachen, unbeschreiblich. Er spielte auf der Klaviatur der Raffinessen sämtliche Stücke. Ich sag nur so viel: Ravels *Boléro* dauert 17 Minuten und bei uns sechs Mal so lange. Der Eros saß bei diesem Mann auf jeden Fall im Unterleib. Wenn ich das früher gewusst hätte, dann hätte ich all meinen Liebhabern vorher eine geknallt.

Am nächsten Morgen tauchten die Strahlen der Sonne Robert wieder in das mir vertraute Licht. Er war wieder der Alte, mit all seiner Empfindsamkeit und Angst, so, wie ich ihn seit zwei Monaten kannte. Ich wollte den gestrigen Abend ansprechen, ihn fragen, woher dieser Hang zum Masochismus komme, doch im kalten Morgenlicht fand ich keine Antworten. Robert wusste selbst nicht, warum das so war, warum er vor dem Sex diesen Kick brauchte, es war einfach so. Er sagte mir, ich solle nicht nach psychologischen Erklärungen und Hintergründen suchen, sondern mich vielmehr an dem Danach erfreuen. Wo er recht hatte, hatte er recht. Ein Knall bei ihm erzeugte in mir mehrere.

Ich genoss es auch, anfangs, besonders wenn wir etwa ins Kino wollten und ich aufgrund seiner Menschenphobie ständig den Anfang des Films verpasste. Praktischerweise konnte ich meine Wut auf ihn dann abbauen, indem ich ihm im Bett eine donnerte.

Doch mit der Zeit uferte das Ganze aus, nach und nach genügte ihm die eine Watsche nicht mehr. Er wollte eine zweite, eine dritte, um in Fahrt zu kommen.

»Ja, jaaaa, noch eine, noch eine, gib's mir, gib's mir!«, schrie er. Allmählich wurde er mir unheimlich. Es war, als ob vor dem Sex jemand aus seinem Körper schlüpfte, ein Boxer, der mit glühenden Augen und aufgeblähter Brust vor seinem Gegner stand und mit jedem Schlag ins Gesicht mehr und mehr Leidenschaft verspürte, diesen Kampf unbedingt gewinnen zu wollen.

Doch irgendwann konnte ich mit Robert nicht mehr in den Ring steigen. Eine eisige Kälte erstickte mit jedem Schlag in sein Gesicht nach und nach meine Lust auf Sex. Zum Schluss brannten nur noch meine Handflächen. Das musste aufhören, unbedingt! So konnte ich einfach nicht mehr weitermachen!

Ich stellte Robert zur Rede, bat ihn inständig, dass wir es doch mal versuchen könnten, so ganz ohne Gewalt. Keine Chance. Er blockte total ab, außerdem wolle er keinen Blümchensex haben und so weiter und so fort. Im Endeffekt sah die Sache dann so aus: keine Watschen, kein Sex mehr. Ich war ratlos. Und da mir an dieser Beziehung wirklich etwas lag, schlug ich ihm nach zwei Wochen watschenloser Zeit vor, dass er oder auch wir gemeinsam professionelle Hilfe in Anspruch nehmen sollten. Seine Antwort, die er auch tatsächlich wahr werden ließ: »Zu einer Professionellen gehe ich gerne.«

Ich hoffe nur, dass sie ihm eine Ordentliche verpasst hat. Eine, die er sein Leben lang nicht mehr vergessen wird.

Der 33. Mann, der ein Freak ist

Der Philosoph

Heidi (50), Managerin, Kärnten,
über ihr Date mit
Matthias (56), Rauchfangkehrer, Kärnten

Ich steh auf Taten. Sowohl beruflich als auch privat. Seit drei Jahren war ich nun geschieden und lernte trotz zahlreicher Meetings und Geschäftsessen keinen Mann kennen, der mich wenigstens ein wenig umwarf. Den großen Knall erwartete ich mir in meinem Alter eh nicht mehr, aber so ein bisserl was fürs Herzerl wäre halt schon noch fein.

Auf Anraten meiner Kinder meldete ich mich bei einer Online-Partneragentur an und *zahlte* nun monatlich dafür, um einen Mann kennenzulernen.

Herrschaftszeiten, da waren Typen dabei! Und ich meine weniger das Aussehen, ein paar ganz Passable gab's da schon, aber was die so schrieben – eine Katastrophe!

»Du, schenes Foto, du!«, kommentierte etwa einer mein Porträtbild. Ein Steirer, das erklärte einiges.

Nach drei Wochen Mails des Schreckens wollte ich mich wieder von der Plattform abmelden, da bekam ich Post von Matthias, einem verwitweten Schornsteinkehrer. Er konnte zwischen Klein- und Großschreibung unterscheiden, setzte die Kommas richtig und *was* er verfasste, war einfach perfekt! Nicht zu übertrieben blumig, nicht aufdringlich, klar, witzig und nett. Lange herumfackeln war auch nicht sein Ding, denn schon nach einer Woche bat er mich um ein Date, in unserem Alter sollte man schließlich keine Zeit vergeuden.

Wir verabredeten uns zum Kaffee, danach, falls es funken sollte, könne man noch immer etwas essen gehen. Sehr weitsichtig, wie ich fand.

Als ich die Glastür aufdrückte, leuchtete mein Gesicht vor Aufregung. Wie lange meine letzte Verabredung her war! Eine halbe Ewigkeit! Plötzlich sah ich durch den Nebel meiner Brille, die wegen des Temperaturunterschieds zwischen der eisigen Kälte draußen und der Wärme des Cafés angelaufen war, eine Gestalt auf mich zu poltern.

»Ich freue mich so, dich zu sehen! Toll schaust du aus. Kein Vergleich zu dem Foto!« Nasse, warme Lippen drückten sich auf meine Wange.

»Komm, ich sitze da drüben!« Eine Hand schob mich am Rücken durch den Raum. »Was willst du trinken?«

»Ah, ich weiß …«

»Kellner, einen Kräutertee, an meinen Tisch, aber pronto, pronto.«

Mein Knie stieß sich an dem Stuhl. Zwei Hände packten nun meinen Mantel an der Schulter und zerrten daran, als ob es um Leben oder Tod gehen würde. Als ich mich aus dem Stoff herausgeschält hatte, verschwand der Schatten wie ein Wiesel mit meinem Mantel, war aber kurz darauf wieder da und nahm mir gegenüber Platz.

Der Schleier vor meinen Augen lichtete sich und nach und nach kam hinter den Schemen Matthias zum Vorschein. Sein längliches Gesicht war weiß, bis auf die roten, hektischen Flecken, die sich zu bewegen schienen. Mal schrumpften sie auf Erbsengröße, dann wiederum wuchsen sie zu einem Golfball an. Wenn er lachte, ging das durch das Schachbrett, das er im Mund hatte, gänzlich unter. Weiß, schwarz, weiß, schwarz, so wechselten sich die Zähne ab. Wobei das Weiß eher ein Ockergelb war, aber im direkten Vergleich zum Schwarz brauchte man selbst bei dieser Zahnfarbe eine Sonnenbrille. Dass seine Kleidung ebenso zusammengewürfelt war, fiel da nicht sonderlich ins Gewicht. War es wirklich möglich, dass Menschen in der Realität so anders aussehen als auf einem Foto? Gut, mir war schon klar, dass Matthias kein Adonis war, aber dass sich die Wirklichkeit nun *so* grausam hier am Tisch zeigte, setzte mich unter Schock.

»Und? Hast du dir mich so vorgestellt?«, unterbrach Matthias meine suchenden Augen, die ihn verzweifelt nach irgendeinem attraktiven Punkt in seinem Gesicht abtasteten.

Was sollte ich denn nun darauf sagen?

»Na ja …«

In dem Moment kam meine Rettung in Form des grinsenden Kellners, der mir den Tee brachte. »Eigentlich mag ich ja lieber Kaffee.«

Matthias überhörte meine Bemerkung oder vergaß seine Frage und während ich das Teesackerl auf und ab tauchte, sagte er: »Ich denke, ich komme gleich zur Sache.« Ganz Ohr tunkte ich weiter.

»Wir beide sind in einem Alter, wo wir uns das alles ersparen können. Das stundenlange Gequatsche über die Expartner, unser verkorkstes Leben, das schon in der Kindheit anfing, weil schuld sowieso immer die Eltern sind. Der ganze Vergangenheitskram interessiert mich nicht. Ich will in die Zukunft blicken und das mit dir.«

»Aber …«

»*Halt!* Bevor du was sagst, hör mir zu … *Ich garantiere dir* und das schwöre ich, so wahr ich hier sitze, ein absolutes Traumleben mit mir. Ich mache alles für dich. Und wenn ich *alles* sage, dann meine ich auch *alles*.« Genüsslich leckte er mit seiner belegten Zunge den Milchschaum vom Teelöffel ab. »Wenn du zwei simple Lebensweisheiten von mir befolgst, dann bin ich der treueste, anschmiegsamste und fürsorglichste Partner, den sich eine Frau nur wünschen kann.«

Na, *jetzt* war ich ja mal gespannt. Ich stellte meine Tasse ab, lehnte mich zurück und verschränkte meine Arme vor der Brust.

»Mein Eiersack muss jeden Tag entleert werden.«

»Sag das bitte noch mal.«

»Mein Eiersack muss jeden Tag entleert werden. Und zwar immer am Morgen mit der 69er Position.«

Angewidert legte ich den ausgequetschten Teebeutel auf die Untertasse. »Das hast du jetzt nicht wirklich gesagt, oder?«

Matthias setzte einen völlig entgeisterten Blick auf. »Hast du ein Problem damit, offen über Sex zu sprechen?«

»*Nein!* Aber, Entschuldigung, wir haben uns noch nicht mal die Hand geschüttelt und du sprichst von deinem Eiersack. Findest du das normal?«

»Nicht schon wieder eine *Verklemmte*!« Matthias drehte die Augen nach oben, öffnete den Mund und auf den Kauflächen seiner Zähne blitzten mir die Amalgamplomben entgegen.

»Verklemmt? Bin ich gerne, wenn ich dir jeden Morgen in der 69er den Eiersack entleeren soll. *Ich werde überhaupt nie, nie etwas für dich leeren!* Höchstens meine Nummer aus deinem Handy!«

»Wenn das so ist, dann werde ich dir auch nicht treu sein können. Denn nur wenn ein Mann täglich seinen Eiersack entleert bekommt, ist er gegen Seitensprünge resistent. Wenn die Frauen doch nur wüssten, wie einfach es ist, einen Mann zu halten ...«

Bereit zum Aufbruch schnappte ich mir meine Handtasche und legte sie in meinen Schoß. »Bevor ich gehe, wüsste ich aber noch allzu gern über deine zweite Lebensweisheit Bescheid.«

Erfreut über diesen Wunsch, blähte er seine Brust wie ein paarungswilliger Affe, beugte sich zu mir über den Tisch und sagte verschwörerisch: »Das größte Glück eines Mannes ist das Kleeblatt!«

»Aha. Interessant. Und was heißt das?«

»Eine Frau saugt am rechten Ei, eine andere am linken und die dritte am Schwanz.«

»Und wie soll das bitte anatomisch funktionieren, wenn alle unterschiedlich große Köpfe haben?«

»Also das ist ja wohl das geringste Problem. Meine Eiersäcke sind mittlerweile schon sehr ausgeleiert.«

»Weißt du, Matthias, was meine Lebensweisheit ist«, ich stand auf, sah ihn für ein paar Sekunden an und sagte dann ruhig: »Männer sind wie U-Bahnen. Es kommt immer einer nach.«

DIE AUTORIN

Elke Morri, Jahrgang 1976, ist privat und beruflich ständig von Freaks umgeben. Gott sei Dank, sonst wäre ihr nämlich extrem langweilig. Wenn sie nicht im Kaffeehaus sitzt, macht sie erotische Interviews mit Prominenten und schreibt schräge Reportagen. Sie hat Publizistik, Kommunikations- und Theaterwissenschaften in Wien studiert und lebt als freie Journalistin am Wörthersee.

Elke Morri
ALLE MÄNNER SIND FREAKS
33 Frauen berichten über skurrile Eigenheiten, seltsame Ticks und unliebsame Überraschungen

ISBN 978-3-89602-955-3

Lektorat: Maren Konrad

KATALOG

Wir senden Ihnen gern kostenlos unseren Katalog
Schwarzkopf & Schwarzkopf Verlag GmbH / Abt. Service
Kastanienallee 32 | 10435 Berlin
Telefon: 030 – 44 33 63 00 | Fax: 030 – 44 33 63 044

INTERNET | E-MAIL

www.schwarzkopf-schwarzkopf.de
info@schwarzkopf-schwarzkopf.de